Inhalt

Unser Anliegen:

Schulentwicklung mit dem Lernserver

Mit dieser Lernserver-Unterrichtssequenz möchten wir unseren förderdiagnostischen Ansatz, wie er sich in der individuellen Förderung seit vielen Jahren bewährt hat, auch für den regulären Unterricht nutzbar machen. Verbunden ist damit das Anliegen, Lehrern und Schulen mit ganz konkreten, auf die Unterrichtspraxis bezogenen Konzepten all das an die Hand zu geben, was sie benötigen, um den vielgeforderten Perspektivenwechsel – die Bildungsbedürfnisse der einzelnen Kinder in den Mittelpunkt rücken zu sollen – für sich greifbar zu machen.
Im Rahmen einer langjährigen Zusammenarbeit mit den engagierten Lehrkräften der Realschule Delbrück (NRW) konnten die Kernbereiche der Rechtschreibförderung so aufbereitet werden, dass ein effektives klassen- oder gruppenbezogenes Unterrichten auch ohne intensive Fortbildungen problemlos möglich ist: Mit den von Margit Klein, Wibke Lange und Jochen Welschmeier erarbeiteten und inzwischen an weiteren Schulen erprobten Stundenentwürfen verfügen Lehrkräfte über ein kompaktes Werkzeug, das ein ebenso innovatives wie mit Blick auf den Lernerfolg der Kinder nachweislich fruchtbares Arbeiten erlaubt.

Die Unterrichtssequenz ist so gehalten, dass sie eigenständig, Stunde für Stunde, genutzt werden kann. Gleichzeitig aber ist sie eng mit allen weiteren Lernserver-Modulen verzahnt und kann so, abgestimmt auf die je vorliegenden Gegebenheiten, auf unterschiedlichste Weise mit Diagnose, Einzel- wie Klassenförderung und der Förder-CD kombiniert werden. (Für weitere Informationen hierzu besuchen Sie unsere Homepage www.lernserver.de!) Dadurch werden völlig neue Szenarien möglich, z.B.:

- Mit Hilfe der Lernserver-Diagnose kann zu Beginn des Unterrichts festgestellt werden, wie es um den Leistungsstand der Klasse steht.
- So kann ermittelt werden, welche Voraussetzungen (z.B. im „Grundlegenden Bereich", der Wahrnehmung) überhaupt erst noch herzustellen sind, damit für alle Kinder der je vorgesehene neue Lernschritt auch wirklich vermittelbar ist.
- Auch lassen sich darüber jene Kinder ‚herausfischen', die aufgrund besonderer Lernschwierigkeiten (LRS-Problemen) eine intensive individuelle Betreuung benötigen.
- Über die Option „Gruppen-Diagnose" können klassenübergreifend leistungshomogene Gruppen gebildet werden.
- Die Fördermaterialien dieses Bandes könnten mit Hilfe der Lernserver-Diagnose und -förderung gezielt und abgestimmt auf die unterschiedlichen Kompetenzen der Schüler ergänzt werden.
- Es empfiehlt sich, den Band „Meine kleine Rechtschreibkunde Klasse 5/6" mit hinzuzuziehen; damit haben Kinder eine Art ‚Pendant' zum Band des Lehrers in der eigenen Hand (zum Selbst-Studium oder späteren Nachsehen).
- Der Lernserver erleichtert eine inhaltliche Verzahnung des regulären Unterrichts mit der Hausaufgabenbetreuung oder individuellen Förderung am Nachmittag.
- Insbesondere den Ganztagsschulen eröffnen sich neue Spielräume, die auf unterschiedlichste Weise genutzt werden könnten: durch Schüler der höheren Klassen, Studierende oder die Einbindung externer Kräfte.
- Mit Hilfe der Förder-CD kann die inhaltliche Zusammenarbeit zwischen Schule und Eltern erleichtert werden.

Ob die Schule ein lebenswerter Raum ist bzw. wird, entscheidet sich nicht zuletzt am Einbeziehen von Eltern, aber auch der Vernetzung mit anderen Schulen, Einrichtungen oder externen Fachkräften. Nicht vernachlässigt werden sollte bei alledem die Zusammenarbeit zwischen den Lehrkräften selbst und die Kooperation mit den Eltern.

Wir wünschen nun Ihnen wie den Kindern und Eltern, dass das gemeinsame Bemühen um die Eroberung der Rechtschreibung dazu beiträgt, Schule und Unterricht ein ganzes Stück weit angenehmer und auch erfolgreicher zu gestalten. Über alle Anregungen, Kritik, aber auch Erweiterungs-Ideen unseres Angebots durch Ihre tatkräftige Mithilfe würden wir uns sehr freuen.

Mein besonderer Dank geht an dieser Stelle an das Kollegium der Realschule Delbrück, insbesondere an den Schulleiter Herrn Morsch und die Fachkonferenz, die unsere engagierten Mitstreiter – Margit Klein, Wibke Lange, Jochen Welschmeier – auf unterschiedlichste Weise bei ihrem Bemühen unterstützt haben, das Lernserver-Konzept an die konkreten Bedürfnisse von Schulen anzupassen. Dabei spielt eine große Rolle auch die Rückendeckung, die der Schule wie den beteiligten Lehrkräften durch Herrn Naujack von der Bezirksregierung Detmold zuteil wurde. Auch dafür herzlichen Dank.

Regine Zellmer aus Berlin danken wir herzlich für die Sympathie, mit der sie seit langem unsere Bemühungen begleitet. Sie hat zu dieser Lernserver-Unterrichtssequenz u.a. die „Vorübungen zur Betonung" beigesteuert, die als Anhang diesen Band abrunden.

Vergessen werden sollen aber auch nicht die zahlreichen Eltern, die das weit über das normale Maß hinausgehende Bemühen der beteiligten Lehrkräfte um ihre Kinder auf ihre Weise honorierten. Sie sorgten sich um organisatorische Fragen, das leibliche Wohl aller Beteiligten und ließen sich sogar konstruktiv als Co-Teacher in die Förderung mit einbeziehen. Vor allem aber die höchst positiven Rückmeldungen der Kinder selbst und ihr Interesse, Teile ihrer Freizeit in eine von ihnen als sinnvoll erachtete Förderung zu investieren, unterstreichen, dass sich solches Engagement für neue Förder-Wege lohnt.

Prof. Dr. Friedrich Schönweiss

lernserver • www.lernserver.de • info@lernserver.de • (0251) 83 - 28409

Einleitung zur Unterrichtssequenz „Die Betonung"

1. Die Betonung: Eine wichtige Brücke zwischen lauttreuem Schreiben/alphabetischer Strategie und der Anwendung von Regelwissen

Dass in diesem Band die Betonung im Mittelpunkt steht, hat seinen guten Grund darin, dass darüber die Voraussetzungen dafür geschaffen werden sollen, sich mit den unterschiedlichen (Regel-) Bereichen der deutschen Rechtschreibung befassen zu können. Viel zu oft leider setzt die Erarbeitung der unterschiedlichen Prinzipien der Orthographie zu spät an, so dass mangelndes Verständnis (z.B. für Dehnung und Dopplung) und daraus resultierende Fehler vorprogrammiert sind.

Zwar ist es kein Geheimnis, dass die Betonung ein Grundprinzip der deutschen Rechtschreibung darstellt – so ist es bereits seit langem im Duden aufgeführt –, dennoch findet es sich höchst selten als expliziter Bestandteil des regulären Rechtschreibunterrichts berücksichtigt. Allenfalls angesprochen wird die „Länge und Kürze" von Vokalen. Was Kindern damit vorenthalten wird, ist ausgerechnet jener Bereich, der ihnen erlaubt, eine Brücke zwischen ihrer (möglichst gefestigten) alphabetischen Strategie und dem Hineinfinden in die diversen Regelhaftigkeiten der Sprache zu schlagen. Auch wenn man es nicht möchte, wird durch solchen Verzicht darauf, ihnen diesen Zusammenhang zwischen Sprache, Sprechen und Schrift in der gebotenen Ausführlichkeit bewusst zu machen, ein folgenschweres Fehlurteil nahegelegt: Die Regeln der Rechtschreibung seien ein letztlich mehr oder weniger willkürliches Sammelsurium von undurchschaubaren Vorschriften, deren man nur durch begriffsloses Auswendiglernen Herr werden könne.

Verloren ginge damit das, was bei den ersten Schreibversuchen von Kindern zurecht so geschätzt wird, nämlich ihr unverkrampftes Spielen mit immer mehr Zeichen, die für bestimmte Laute stehen. Statt solchen unverdorbenen Vertrauens in die eigenen Fähigkeiten und ihrem sukzessiven Ausbau finden sie den Übergang zu einem Verständnis von Schriftsprache als abstraktem Gesetzeskatalog höchst plausibel. Dass das eigene Sprachgefühl, die Wahrnehmung des gesprochenen Wortes auch auf der höheren Ebene der Schreibung eine Rolle spielen darf und auch muss, scheint für sie immer unwichtiger zu werden.

Dabei ist es genau umgekehrt: **Kinder, die das Betonungsprinzip durchschauen, sind in der Lage, viele Hürden der Rechtschreibung eigenständig zu meistern.**

2. Buchstaben als Zeichen für Sprachmelodie und Aussprache

Allein schon mit dem Wissen darum, dass die schwierige Stelle des Wortes, die „Rechtschreibklippe", meist im Bereich der betonten Stelle des Wortes zu finden ist, wird für Kinder die Orthographie ein ganzes Stück weit durchschaubarer. Denn die in der Fehlerstatistik dominierenden Phänomene wie „Dopplung" und „Dehnung" sind dort nicht zufällig anzutreffen. (Andere Bereiche, wie z.B. die Auslautableitung oder die Groß- und Kleinschreibung, sind davon natürlich nicht berührt.)

Ein Beispielwort aus dem Bereich der „Dopplung" mag diesen Umstand verdeutlichen: die Kammer. Bei diesem Wort liegt die betonte Stelle auf dem ersten, kurz gesprochenen Vokal. Die „Rechtschreibklippe" befindet sich direkt hinter diesem „Betonungsgipfel": Obwohl beim gesprochenen Wort nur ein (Mit-) Laut zu hören ist, muss dieser Konsonant verdoppelt werden. Seinen Grund hat dies darin, dass dem Leser mittels zweier Konsonanten verdeutlicht wird, dass der vor diesen beiden befindliche Vokal nicht nur betont ist, sondern auch kurz zu sprechen ist.

Im Unterschied zu anderen Sprachen, bei denen mit Hilfe eines Akzents die Wortmelodie ihr verschriftlichtes Gegenstück findet, operiert die deutsche Rechtschreibung mit Buchstaben als Zeichen für Betonung und Aussprache.[1] Für Kinder ergibt sich daraus als zusätzliche Schwierigkeit, die ihnen bislang auf der Laut-Zeichen-Ebene vertrauten Zeichen unter einer völlig neuen Überschrift wahrnehmen zu müssen. Sie haben ihren Blick für eine abstrakte Funktionalität zu schärfen, die den Buchstaben (fast) völlig unabhängig von ihrer Phon-Graph-Relation zukommt.

Um diesen Zusammenhang von Aussprache und Schriftbild durchschauen zu können und darüber sukzessive zu einer intuitiven Sicherheit der Verschriftlichung nicht nur von singulären Lauten, sondern auch der Sprachmelodie zu gelangen, müssen Kinder dabei unterstützt werden, ihr implizites Wissen über die eigene Sprache, ihren Rhythmus und eben die Betonung der einzelnen Wörter zu aktivieren. Damit erhalten sie zahlreiche Anhaltspunkte, mit denen sie sich bei vielen Rechtschreibschwierigkeiten selbst weiterhelfen können, ohne sich nur auf ihr Gedächtnis verlassen zu müssen.

Im Folgenden werden die grundlegenden Prinzipien der Betonung und ihre Darstellungsforman in der deutschen Schriftsprache kurz vorgestellt.

[1] Im Spanischen haben die Akutzeichen Signalfunktion; sie werden zur Kennzeichnung der betonten Vokale bei jenen Wörtern genutzt, die von der Grundregel abweichen. Wörter, die mit einem Vokal, einem „s" oder „n" enden, werden immer auf der vorletzten Silbe betont, bei Endungen mit anderen Konsonanten dagegen die letzte.

Sprachmelodie und schriftsprachliche Darstellungsformen von „Länge" und „Kürze"

Die deutsche Schriftsprache ist, wie wohl jedes Zeichensystem, damit überfordert, eine absolute Äquivalenz zwischen Schrift und Gesprochenem abzubilden. Doch auch wenn es keine Eins-zu-Eins-Entsprechung gibt, verfügt der Schreiber über eine Fülle an Darstellungsmöglichkeiten.

„Längezeichen" wie das Dehnungs-h oder „ie" und „Kürzezeichen" wie die Konsonantenverdopplung machen dem Leser deutlich, ob er einen Vokal (oder Umlaut) lang oder kurz sprechen muss. Für den Schreiber bedeutet dies: Nach einem kurzen Vokal müssen zwei Konsonanten folgen. Ist nur ein Konsonant zu hören, muss er diesen verdoppeln. Dies gilt aber nur für den betonten Vokal! Alle unbetonten Vokale im Wort sind generell kurz und haben NIE eine Dopplung oder Dehnung im Gefolge! (Dieses Wissen zu vermitteln, verhilft Kindern bereits zu großer Sicherheit.)

Der betonte Vokal liegt bei deutschen Wörtern meistens auf der ersten Silbe. Dabei ist nie die ganze Silbe betont (in der Linguistik ist dies freilich noch etwas umstritten!), sondern immer nur der Vokal, Umlaut oder Diphtong („au", „eu" usw.). Wörter mit Vorsilben können allerdings auch auf der zweiten Silbe betont sein („vergüten"). Zusammengesetzte Wörter wie „Faltenrock" oder „blitzschnell" muss man in ihre einzelnen Bestandteile zerlegen, um alle betonten Vokale herauszufinden.

Im Großen und Ganzen gilt:
Ein betonter Vokal wird lang gesprochen, wenn nur ein Konsonant danach folgt: Hof, Tafel, gut.
Aufzupassen gilt es bei gebeugten Formen: er trägt.
Hier können mehrere Konsonanten auf den Vokal folgen, obwohl er lang gesprochen wird. Die Langsprechung wird hier vom Stammwort übernommen.

Darüber hinaus gibt es weitere Dehnungs-Zeichen wie „h", „aa" oder „ie" ..., die zusätzlichen Regeln unterworfen sind.

Die Diphtonge „au", „eu", „ei", „äu" und „ai" gelten als lang. Nach ihnen wird NIE gedoppelt oder gedehnt. (Dies zu wissen, verschafft Kindern ebenfalls große Sicherheit.)

Ein betonter Vokal wird kurz gesprochen, wenn danach (mindestens) zwei Konsonanten folgen: Kasten, helfen, kalt.

Verdoppeln muss man dann, wenn nur ein Konsonant nach dem kurzen betonten Vokal zu hören ist: Kammer, Keller, knurren, baggern.

In wenigen Fällen wird vor Konsonantenhäufungen der betonte Vokal entgegen der Regel lang gesprochen: Husten, Trost, Wüste, Mond.
Da nach „Langsprechung" aber ohnehin keine Dopplung folgen würde, stellt dies für die Kinder keine Rechtschreibfalle dar!

In Vor- oder Nachsilben wird nicht gedehnt oder gedoppelt, ob nun der Vokal in dieser Silbe lang oder kurz ist: vor-, ver-, zer-, un-.

Ausnahme: Mehrzahlbildung bei „-nis" und „-in" (Kenntnisse, Köchinnen)
und: Vorsilbe: miss- (Misserfolg)

Alle weiteren Regeln und Ausnahmen gehören zum Bereich Dopplung bzw. Dehnung.

3. Zum Vorgehen im Unterricht

Die nachfolgend dargestellten Unterrichtsstunden zum Thema „Betonung" bilden das Fundament der Rechtschreibförderung und werden deshalb als „Basisstunden" bezeichnet. Sich in der beschriebenen Intensität mit ihnen zu befassen, empfiehlt sich immer dann, wenn Kinder im Bereich der „Dehnung" oder „Dopplung" Förderunterricht benötigen oder wenn diese Gebiete ganz grundsätzlich erarbeitet werden sollen.

Zu jeder Unterrichtsstunde gibt es einen genauen Verlaufsplan, durchnummerierte Kopiervorlagen für Folien, Arbeitsblätter und vertiefende Übungen mit Lösungen.

Zu Beginn werden die Schüler dafür sensibilisiert, die betonte Stelle im Wort aufzufinden. Diese Stelle wird als „Betonungsgipfel" bezeichnet. Dafür wird eine Reihe unterschiedlicher „Test-Verfahren" vorgestellt, mit deren Hilfe sich die Schüler selbst behelfen können. Vielen Schülern fällt dies nicht leicht; denn die Tatsache, korrekt zu sprechen, ist längst nicht gleichbedeutend damit, sich all dessen bewusst zu sein, was man intuitiv macht und kann. Vielfältige und wiederholte Übungen sind erforderlich. Unter anderem unterstützen Rhythmisches Sprechen, Bewegungsübungen und musikalische Elemente dabei den Lernprozess.
Erst dann, wenn die Schüler in der Lage sind, den „Betonungsgipfel" sicher und eigenständig aufzufinden, ist es ihnen möglich, die Betonung als Rechtschreibhilfe zu nutzen. Ist diese Voraussetzung gegeben, kann zum nächsten Schritt übergegangen werden.

Hier lernen nun die Schüler, den „Betonungsgipfel" nach Länge und Kürze zu unterscheiden. Diese Unterscheidung ist, wie oben beschrieben, für die Rechtschreibphänomene „Dehnung" und „Dopplung" von großer Bedeutung und muss ebenfalls gründlich erarbeitet werden. Daran schließt sich das Befassen mit Sonderfällen an, um das Betonungsprinzip auch in Fällen von zusammengesetzten Nomen oder bei Wörtern, die Vorsilben enthalten, nutzen zu können.

Es hat sich bewährt, den Abschluss der Lernsequenz mit einem kleinen Fest gemeinsam zu feiern. Dabei bietet es sich an, auch die Eltern mit einzubeziehen.

Sollte sich herausstellen, dass den Schülern der Übergang vom eigenen Sprechen zur Reflexion darüber schwerfällt, empfiehlt es sich, die „Vorübungen zur Betonung" hinzuzuziehen (s. Anhang, S. 76). Diese können optional auch zur Auflockerung der Stunden genutzt werden.

Als sinnvoll erwiesen hat sich das Anlegen von „Förderordnern", in die jeder Schüler seine Arbeitsblätter abheften kann. Der Ordner sollte zu jeder Förderstunde mitgebracht und von der Lehrkraft korrigiert werden. Zusammen mit seinen eigenen Aufzeichnungen und Erklärungen entsteht so ein kleines, individuelles Regelheft, in dem die Schüler bei Bedarf nachschlagen können und das den Förderfortschritt dokumentiert.

4. Die Grundpfeiler: Wichtige Lernziele in der Betonungseinheit

Das Motto der „Betonungseinheit", die zusammen mit den Schülern erarbeitet wird, könnte so lauten:
„Hast du den ‚Betonungsgipfel' entdeckt, weiß du, wo die Rechtschreibklippe steckt!"

Im Einzelnen lassen sich folgende Prinzipien oder Regeln nennen, die von den Schülern ‚im Schlaf beherrscht' werden sollten:

1. Jeder Berg hat einen Gipfel, jedes Wort einen Betonungsgipfel!

2. Der Betonungsgipfel liegt immer auf einem Vokal, Umlaut oder Doppel-Laut/Zwielaut (z.B. „au")!

3. Der Betonungsgipfel kann auf einem langen oder kurzen Vokal liegen!

4. In zusammengesetzten Nomen hat jeder Wortstamm einen eigenen Betonungsgipfel: Trenne und erkenne!

5. Vorsilben müssen abgetrennt werden, damit der wichtige Betonungsgipfel (im Wortstamm) erkannt wird!

Zur Erläuterung:

Die Regeln 1) und 2) sind elementar und dienen als grundlegendes „Handwerkszeug" zum Auffinden des Betonungsgipfels.

Die Regel 3) ist wichtig, um mit Hilfe der Unterscheidung zwischen „kurz" und „lang" Dehnungs- oder Dopplungsphänomene prüfen zu können.

Die Regeln 4) und 5) stellen eine wichtige Ergänzung zur ersten Regel dar. Sie sollen verhindern, dass mit dem Konzentrieren auf das Grundprinzip wichtige Betonungs- und damit Gefahrenstellen für die Rechtschreibung übersehen werden.

Legende:

EA = Einzelarbeit
GA = Gruppenarbeit
HA = Hausaufgabe
LV = Lehrervortrag
PA = Partnerarbeit
UG = Unterrichtsgespräch
LM = Lehrermaterial
AB = Arbeitsblatt
F = Folienvorlage
Ü = vertiefende Übungen

1. Stunde:
„Falsch betont wird nicht belohnt."

Ziel: Die Bedeutung der Betonung für die Kommunikation erfassen

Didaktische und methodische Hinweise

Als Einstieg soll in dieser Stunde vermittelt werden, dass Sprachmelodie, Sprach-Rhythmus und die Aussprache (kurz: die Betonung) ein wichtiges Element der Verständigung darstellen. Es gilt, den Schülern ein Gespür für die richtige Betonung eines Wortes zu vermitteln. Die Schüler erkennen falsch betonte Wörter anhand der Einstiegsgeschichte und lernen, die tatsächliche Betonungsstelle herauszufinden. Diese Stelle wird als **Betonungsgipfel** bezeichnet. Die Schüler stellen fest, dass jedes Wort einen Betonungsgipfel hat, der immer auf einem Vokal, Umlaut (ä, ö, ü) oder Doppellaut (au, eu, ei, äu, ai) liegt.

Verlaufsplan (Zeitrahmen: 45 Minuten)

Zeit	U-Phase	Unterrichtsgeschehen	Arbeitsform	Medien
5 min	Einstieg	Einstiegsgeschichte	LV	LM 1
2 min	Hinführung	Problemerkennung	UG	Tafel
3 min	Erarbeitung I	Problembewusstmachung	EA	AB1
5 min	Weiterführung	Anwendung	PA	AB1
3 min	Sicherung	Ergebnisvergleich	UG	Tafel/AB1
15 min	Erarbeitung II	Regelerarbeitung	UG	Tafel/F1
10 min	Vertiefung	Anwendung (spielerisch)	Stuhlkreis	Tafel/F2
2 min	Hausaufgaben		UG	AB2

Sollte sich die Lerngruppe noch nicht kennen, geht dem Unterrichtsgeschehen eine spielerische Kennenlernphase (siehe S. 75) voraus. Diese muss dem Unterrichtsverlauf hinzugefügt und zeitlich berücksichtigt werden.

Beschreibung

Einstieg
Die Lehrkraft trägt die Einstiegsgeschichte (LM1) vor. Die Schüler erkennen das Problem der falschen Betonung.

Hinführung
Die Lehrkraft schreibt „Betonung“ an die Tafel und setzt wortlos das Betonungszeichen ^ an die entsprechende Stelle (Betônung).

Erarbeitung I
Die Lehrkraft verteilt AB1 (S. 14) und erteilt zunächst nur den ersten Arbeitsauftrag: „Ich lese die Geschichte noch einmal vor und ihr markiert die falsch betonten Wörter!“ Nach dem Vorlesen tragen die Schüler ihre markierten Wörter vor.

Weiterführung
Die Lehrkraft erteilt Arbeitsaufträge: „Schreibe die falsch betonten Wörter auf und setze das Betonungszeichen ^ an die richtige Stelle!“
Die Schüler folgen den Arbeitsaufträgen gemeinsam in Partnerarbeit.

Sicherung
Die Schüler schreiben die Wörter mit den Betonungsgipfeln an die Tafel und vergleichen ihre Ergebnisse.

Erarbeitung II
Die Lehrkraft fragt nach der Lage des Betonungsgipfels. Die Schüler stellen fest, dass der Betonungsgipfel auf einem Vokal liegt. Die Lehrkraft legt Folie F1 (Vorlage S. 15) auf und sagt: „Das Zeichen erkennt ihr hier wieder – welchen Namen könnten wir ihm geben?“ Der Begriff „Betonungsgipfel“ wird eingeführt. Die Schüler beschreiben die Folie, erkennen die visuelle Parallelität von Berggipfel und Betonungsgipfel und ergänzen die Merksätze auf der Folie: Jeder Berg hat einen Gipfel. Jedes Wort hat einen Betonungsgipfel. Der Betonungsgipfel liegt immer entweder auf einem Vokal, einem Umlaut oder einem Doppellaut.

Vertiefung
Die Schüler spielen das „Gipfelstürmerspiel“: Die Hände der Schüler liegen flach auf den Tischen. Die Lehrkraft liest Wörter aus der Wortliste (F2), die auf dem OHP liegt, langsam und deutlich vor. Beim zweiten langsamen Vorsprechen klopfen die Schüler an der betonten Stelle auf den Tisch, um das Erkennen des Betonungsgipfels zu signalisieren.

Hausaufgaben
Die Lehrkraft verteilt AB2 (S. 17) und erteilt den Auftrag, das Betonungszeichen auf den Betonungsgipfel zu setzen und die Merksätze auf dem Arbeitsblatt zu ergänzen.
Es liegt im Ermessen der Lehrkraft, weitere Arbeitsblätter zur Vertiefung hinzuzuziehen.

LM1

Einstiegsgeschichte zum Thema „Betonung“

(Lehrerfassung)

Es ist zu empfehlen, vor dem Vorlesen die falsch betonten Wörter ein bisschen zu üben, weil bei versehentlich richtiger Betonung der Witz an der Sache verloren geht!

Falsch betont – nicht belohnt!

Ihr glaubt ja nicht, was mir letzte Woche passiert ist!
Ich musste fast eine Stunde im Supermarkt auf eine Bedienung warten, weil es Probleme mit einem anderen Kunden gab.

> Schüler äußern Vermutungen zu dem Problem.

Der Kunde verlangte Folgendes:
„Ich hätte gerne Tomat**e**n. Haben Sie Tomat**e**n?“
(nur das „e“ wird betont und lang gesprochen!)

Die Verkäuferin starrte den Kunden verständnislos an und rief quer durch den Laden:
„Cheeeef! Haben wir Tomat**e**n? Hier verlangt jemand Tomat**e**n!“
„Tomat**e**n?! – Tomat**e**n haben wir nicht!“

„Haben Sie denn wenigstens Papr**i**ka?“
(nur das „i“ wird betont und lang gesprochen)

„Papr**i**ka???“, fragte die Verkäuferin verwundert. „Nein, Papr**i**ka haben wir noch nie gehabt.“

„Noch nie?“, fragte der Mann und schüttelte fassungslos den Kopf. „Ja, was ist denn das für ein Laden? Aber gut, dann hätte ich eben gerne eine Salam**i**. Ach, und N**u**tella brauche ich auch noch.“
(nur „i“ bzw. „u“ werden betont und lang gesprochen!)

Nun guckte die Verkäuferin vollends verwirrt.

Name:.....................................

AB1

Datum:.....................................

Einstiegsgeschichte zum Thema „Betonung"
(Schülerfassung)

Falsch betont – nicht belohnt!

Ihr glaubt ja nicht, was mir letzte Woche passiert ist!
Ich musste fast eine Stunde im Supermarkt auf eine Bedienung warten, weil es Probleme mit einem anderen Kunden gab.

Der Kunde verlangte Folgendes:
„Ich hätte gerne Tomaten. Haben Sie Tomaten?"
Die Verkäuferin starrte den Kunden verständnislos an und rief quer durch den Laden:
„Cheeeef! Haben wir Tomaten? Hier verlangt jemand Tomaten!"
„Tomaten?! – Tomaten haben wir nicht!"

„Haben Sie denn wenigstens Paprika?"
„Paprika???", fragte die Verkäuferin verwundert. „Nein, Paprika haben wir noch nie gehabt."

„Noch nie?", fragte der Mann und schüttelte fassungslos den Kopf. „Ja, was ist denn das für ein Laden? Aber gut, dann hätte ich eben gerne eine Salami. Ach, und Nutella brauche ich auch noch."
Nun guckte die Verkäuferin vollends verwirrt.

1. **Markiere die falsch betonten Wörter!**
2. **Schreibe diese Wörter heraus!**

____

____

3. **Setze nun das Betonungszeichen ^ an die richtige Stelle!**

F1

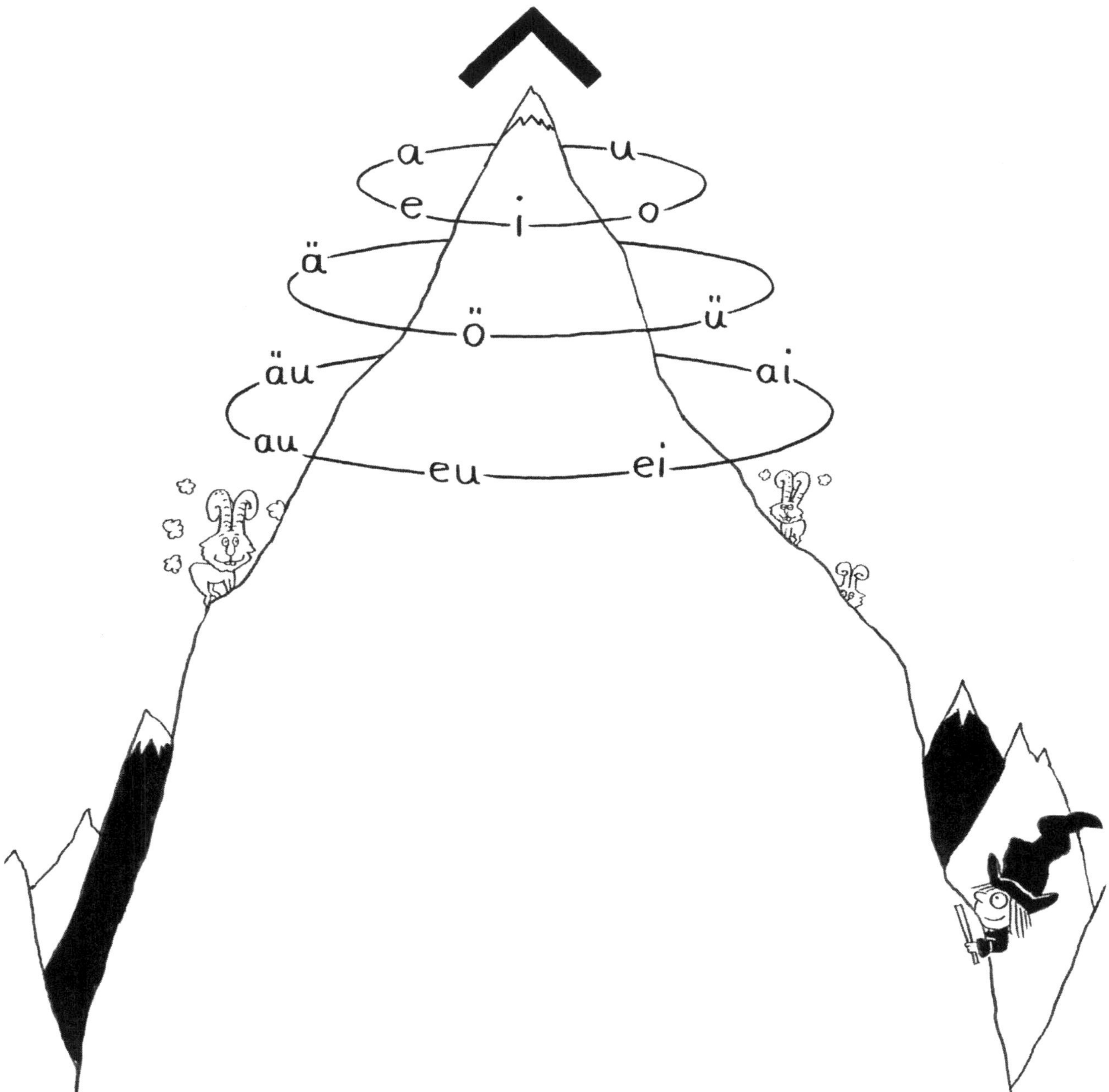

Jeder Berg hat ________________________ Gipfel.

Jedes Wort hat ________________________ Betonungsgipfel.

Der Betonungsgipfel liegt immer auf einem ________________________

oder ________________________ oder ________________________.

F2

Wortliste für das Gipfelstürmerspiel

holen	Hotel
Ziege	Träume
knarren	Limonade
Klasse	ändern
teilen	sieben
Gesicht	Sofa
Abend	Apfel
Honig	Papier
Polizei	

Name:.....................................

AB2

Datum:.....................................

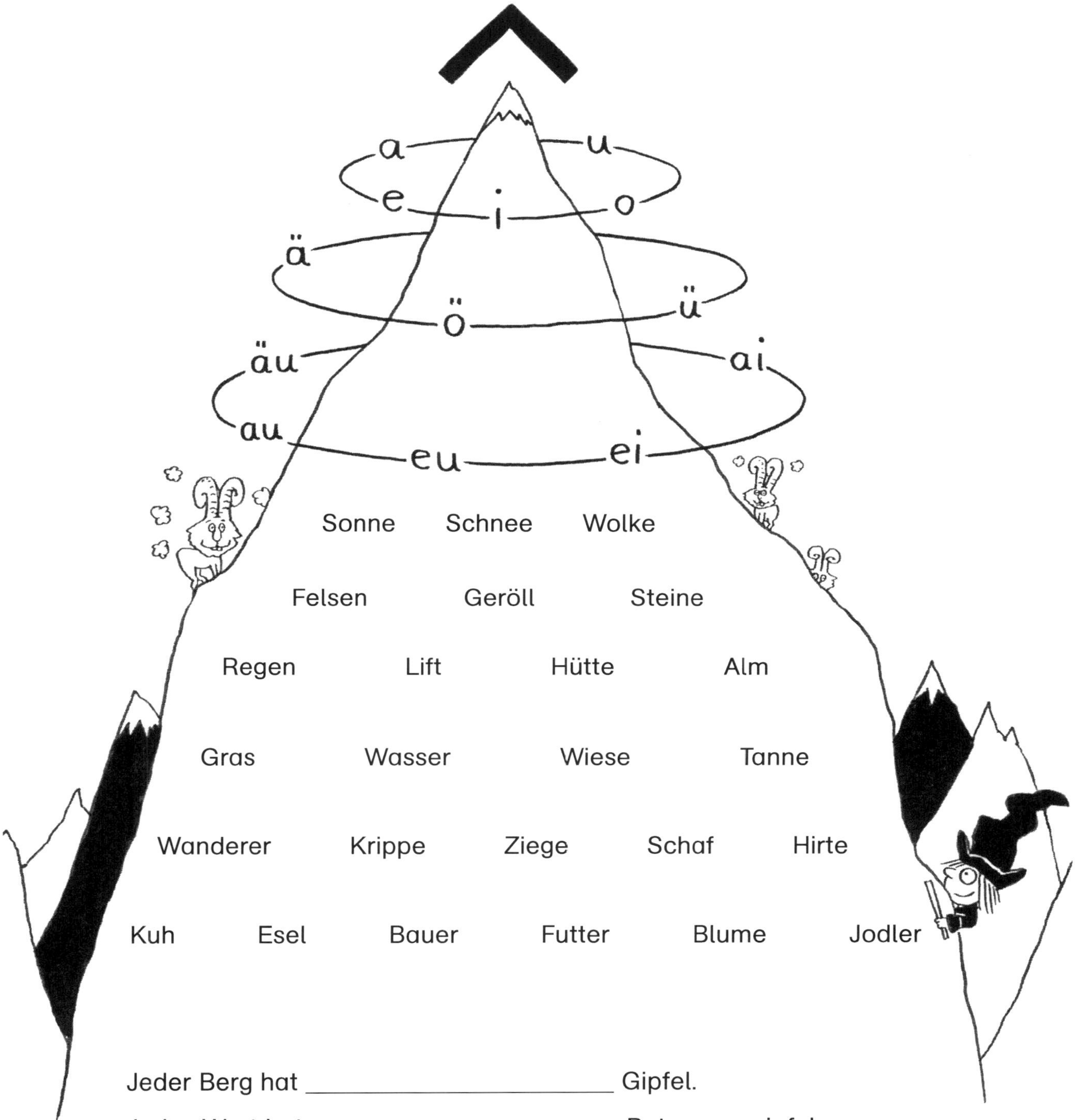

Sonne Schnee Wolke

Felsen Geröll Steine

Regen Lift Hütte Alm

Gras Wasser Wiese Tanne

Wanderer Krippe Ziege Schaf Hirte

Kuh Esel Bauer Futter Blume Jodler

Jeder Berg hat ______________________ Gipfel.

Jedes Wort hat ______________________ Betonungsgipfel.

Der Betonungsgipfel liegt immer auf einem ______________________

oder ______________________ oder ______________________.

2. Stunde:
„Finde den Betonungsgipfel!"

Ziel: Strategien erlernen zur Erkennung des Betonungsgipfels

Didaktische und methodische Hinweise

Die Schüler lernen, mit Hilfe eines Prüfverfahrens den Betonungsgipfel zu finden.

Verlaufsplan (Zeitrahmen: 45 Minuten)

Zeit	U-Phase	Unterrichtsgeschehen	Arbeitsform	Medien
5 min	„Warming up"	Gipfelstürmerspiel	Stuhlkreis	Wortliste F2
5 min	Einstieg	Vergleich der HA und Wiederholung der Regel	UG/PA	F3
5 min	Erarbeitung	„Gipfeltrick"	UG	AB3
20 min	Anwendung	„Marmeladen-Rap"	GA	AB4
5 min	Präsentation	Darbietung	GA	
5 min	Festigung	Übungsaufgaben mit Selbstkontrolle	EA	AB5 und vertiefende Übungen (Ü1 - Ü3)

Beschreibung

Aufwärmen
Gipfelstürmerspiel (siehe vorangegangene Stunde, S. 16)

Einstieg
Die Schüler vergleichen in Partnerarbeit ihre Hausaufgaben mit Hilfe der F3 (Vorlage S. 20) und ergänzen wiederholend den Merksatz: „Jeder Berg hat **einen** Gipfel. Jedes Wort hat **einen** Betonungsgipfel. Der Betonungsgipfel liegt immer auf einem **Vokal**."

Erarbeitung
Die Lehrkraft berichtet von Abermakaber und dessen Trick, den Betonungsgipfel zu finden (AB3, S. 21). Die Schüler erproben die Strategie an verschiedenen Beispielen (Banane, Limonade, Krokodil, Mandarine, ...). Es ist notwendig, dass die Schüler wirklich sicher werden und ein Gespür für die Wortmelodie bekommen.

Anwendung
In Gruppenarbeit wird ein Rap zu den vier unterschiedlichen Betonungsmöglichkeiten des Wortes „Marmelade" entwickelt (AB4, S. 22). Zur rhythmischen Untermalung des Raps bieten sich Klatschen, Trampeln oder Trommeln an. Es ist sinnvoll, dass die Lehrkraft schon während der Arbeitsphase unterstützend eingreift. (Natürlich können sich die Kinder auch eigene, andere Raps ausdenken. Vielleicht gelingt es ja auch, dies zusammen mit dem Musiklehrer kreativ auszubauen.)

Präsentation
Jede Gruppe präsentiert ihre Ergebnisse.

Festigung (ggf. Hausaufgabe)
Mit Hilfe der Übungsblätter soll das Verfahren gefestigt und grundsätzliche Sicherheit im Auffinden des Betonungsgipfels erreicht werden (AB5 und vertiefende Übungen Ü1-Ü3).

Es liegt im Ermessen der Lehrkraft, die zur Vertiefung gedachten Arbeitsblätter mit einzubeziehen. (Es ist allerdings wichtig, dass jedes Kind sicher den Betonungsgipfel herausfindet – dies kann bei manchen Kindern ziemlich lange dauern. Ohne die entsprechende Sicherheit sind die nachfolgenden Übungen Ü1 - Ü3 jedoch sinnlos.)

F3

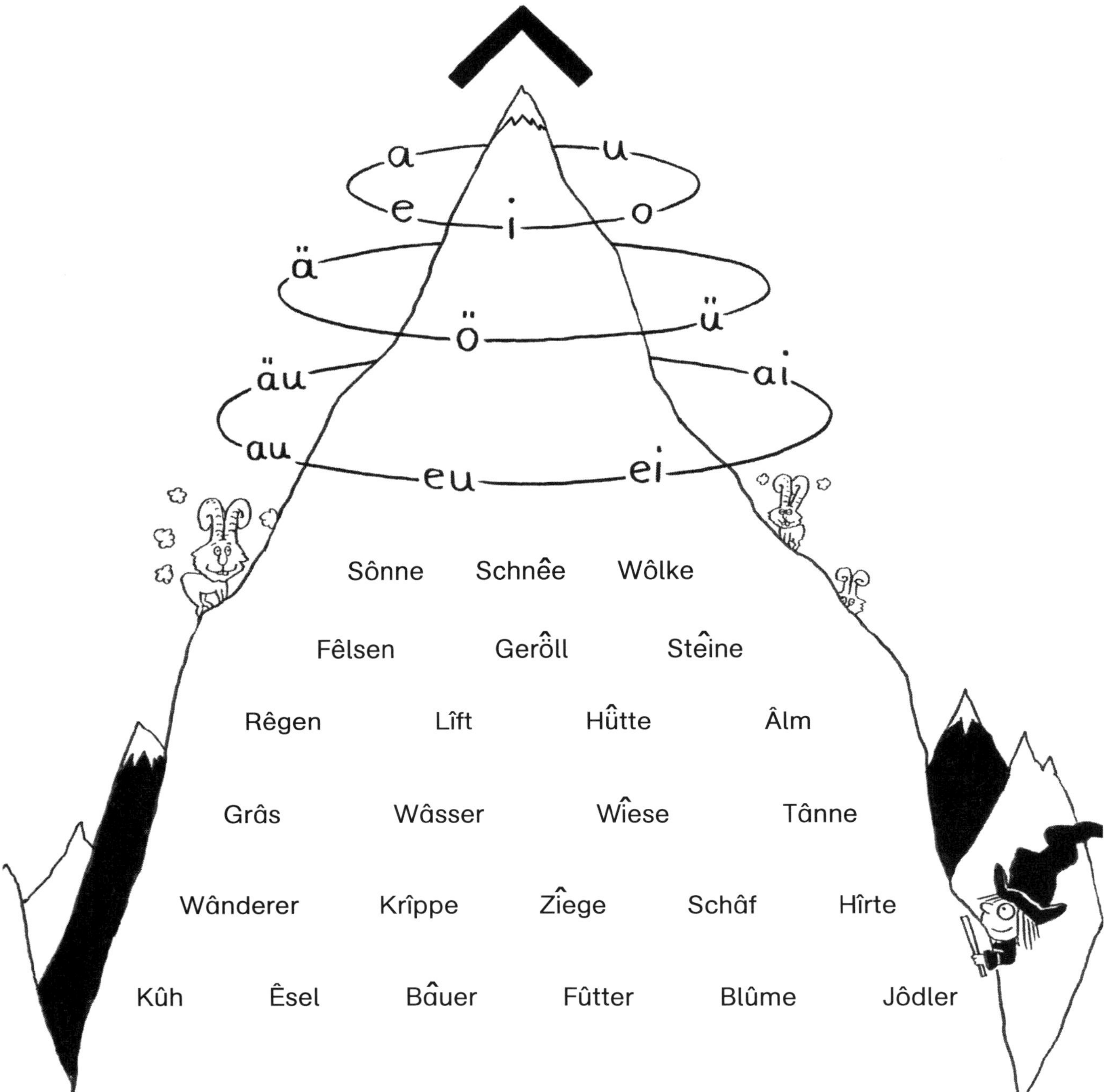

Jeder Berg hat <u>einen</u> Gipfel.

Jedes Wort hat <u>einen</u> Betonungsgipfel.

Der Betonungsgipfel liegt immer auf einem <u>Vokal</u> oder <u>Umlaut</u> oder <u>Doppellaut</u> (Zwielaut).

AB3

Mein Trick:

Betone die Vokale eines Wortes abwechselnd und arg übertrieben, und schon hörst du, welcher Vokal den Betonungsgipfel trägt!

Versuche es einmal mit dem Wort „Schule“.

Schûle – Schulê

Was klingt richtig?
Du hast es bestimmt erkannt,
die Betonung liegt natürlich auf
dem „u“ = **Schûle**

AB4

Ich esse gerne Marmêlade.
Marmelâde ist mein Ding.
Mârmelade isst doch jeder gern,
Marmelâde ist mein Ding.
Marmeladê, die find' ich krass –
ich kauf' mir'n ganzes Fass.

AB5

Übung

Male über den betonten Laut das Betonungsgipfel-Zeichen, nämlich so: Marmelâde

romantisch Krokodil Mandarine Kartoffel Prüfung impfen

Regal Insel schnappen Vitrine Modell Zeitung

Klavier Ziegel sondern Zitrone Zirkus

Finale Gebäude Krawatte Blätter

Apfelsine Paket Erlebnis Frühling

begegnen Gesicht Giraffe

Leidenschaft passend

Versicherung Temperatur

gießen Sandale Tomate

Gebot Pfirsich unterstreichen

Mineral Minute Wüste Getreide

Name:......................................

Datum:......................................

Lösung AB5

Übung

Male über den betonten Laut das Betonungsgipfel-Zeichen, nämlich so: Marmelâde

romântisch Krokodîl Mandarîne Kartôffel Prü̂fung împfen

Regâl Însel schnâppen Vitrîne Modêll Zêitung

Klavîer Zîegel sôndern Zitrône Zîrkus

Finâle Gebä̂ude Krawâtte Blä̂tter

Apfelsîne Pakêt Erlêbnis Frü̂hling

begêgnen Gesîcht Girâffe

Lêidenschaft pâssend

Versîcherung Temperatûr

gîeßen Sandâle Tomâte

Gebôt Pfîrsich unterstrêichen

Minerâl Minûte Wü̂ste Getrêide

Name:.....................................

Datum:.....................................

Ü1

Betonung gesucht!

Sprich dir die Wörter laut vor und entscheide dann, welcher Laut betont ist. Setze das Zeichen ^ für „betont“ über den richtigen Buchstaben.

backen
betrachten
Pelikan
Eidechse
einweichen
Landschaft
Geduld
Automat
gewissenhaft
Kontrolle

Gelegenheit
Kamerad
freundlich
Giraffe
Paket
Klamotten
Besteck
Gestalt
Gewissen
Atlantik

Name:.....................................

Lösung Ü1

Datum:.....................................

Betonung gesucht!

Sprich dir die Wörter laut vor und entscheide dann, welcher Laut betont ist. Setze das Zeichen ^ für „betont" über den richtigen Buchstaben.

bâcken
betrâchten
Pêlikan
Êidechse
êinweichen
Lândschaft
Gedûld
Automât
gewîssenhaft
Kontrôlle

Gelêgenheit
Kamerâd
frêundlich
Girâffe
Pakêt
Klamôtten
Bestêck
Gestâlt
Gewîssen
Atlântik

Name: ....

Datum: ....

Ü2

Betonung gesucht!

Sprich dir die Wörter laut vor und entscheide dann, welcher Laut betont ist. Setze das Zeichen ^ für „betont" über den richtigen Buchstaben.

Messer	Gewissen
Auffassung	verstecken
Kumpel	Geduld
manchmal	gewöhnlich
geschichtlich	Nummer
einverstanden	verwickelt
arabisch	erkennen
entscheiden	Bericht
wörtlich	Verhältnis
Betonung	

Name:.......................................

Lösung Ü2

Datum:.......................................

Betonung gesucht!

Sprich dir die Wörter laut vor und entscheide dann, welcher Laut betont ist.
Setze das Zeichen ^ für „betont“ über den richtigen Buchstaben.

Mêsser	Gewîssen
Âuffassung	verstêcken
Kûmpel	Gedûld
mânchmal	gewö̂hnlich
geschîchtlich	Nûmmer
êinverstanden	verwîckelt
arâbisch	erkênnen
entschêiden	Berîcht
wö̂rtlich	Verhä̂ltnis
Betônung	

Name:.....................................

Datum:.....................................

Ü3

Betonung

Gehe auf Wörtersuche!

Finde vier Wörter, die auf der ersten Silbe betont sind.

____

Finde drei Wörter, die auf der zweiten Silbe betont sind.

____

Finde drei Wörter, die auf der dritten Silbe betont sind.

____

Finde drei Wörter mit einer betonten Vorsilbe.

____

Finde zwei Wörter mit einer betonten Nachsilbe.

____

Findest du ein Wort mit der Betonung auf der vierten Silbe?

____

Name:.....................................

Lösung Ü3

Datum:.....................................

Betonung

Gehe auf Wörtersuche!

Finde vier Wörter, die auf der ersten Silbe betont sind.
Mögliche Wörter: **Koffer, Teppich, Spiegel, lachen, rennen**

Finde drei Wörter, die auf der zweiten Silbe betont sind.
Mögliche Wörter: **Hotel, Geduld, Gesicht, Zitrone, Giraffe, verstecken, Insekt**

Finde drei Wörter, die auf der dritten Silbe betont sind.
Mögliche Wörter: **Apfelsine, Klarinette, Zigarette, Elefant, Margerite, Krokodil**

Finde drei Wörter mit einer betonten Vorsilbe.
Mögliche Wörter: **abreisen, zunehmen, ungenau, auswechseln, missverstehen**

Finde zwei Wörter mit einer betonten Nachsilbe.
Mögliche Wörter: **Bäckerei, Metzgerei, Zauberei, Räuberei**

Findest du ein Wort mit der Betonung auf der vierten Silbe?
Mögliche Wörter: **Temperatur, telefonieren, interessieren**

3. Stunde: „Vor kurz und lang ist mir nicht bang!"

Ziel: Kurze und lange Vokale unterscheiden lernen

Didaktische und methodische Hinweise

In dieser Stunde sollen die Schüler ihre Kenntnisse zur Betonung weiter ausbauen, indem sie lernen, **kurze** von **langen** Vokalen zu unterscheiden. Dieses Wissen soll später als Rechtschreibhilfe für die **Dehnung** und **Dopplung** aktiviert werden können.

Verlaufsplan (Zeitrahmen: 45 Minuten)

Zeit	U-Phase	Unterrichtsgeschehen	Arbeitsform	Medien
3 min	Einstieg	Visueller Impuls	UG	F4
7 min	Erarbeitung	Problemerkennung	UG	F4
14 min	Arbeitsphase I	Anwendung	PA	AB6 (F4)
8 min	Sicherung	Ergebniskontrolle	UG	AB6 (F4)
11 min	Arbeitsphase II	Vertiefung	UG, EA, UG	AB7, F5, LM2
2 min	Hausaufgabe	HA analog zu F4	UG	Vertiefende Übungen (Ü4 - Ü7)

Beschreibung

Einstieg
Visueller Impuls: Die Lehrkraft legt Folie F4 (Vorlage S. 33) auf den OHP. Die Schüler beschreiben die bildliche Darstellung und äußern Ideen.

Erarbeitung
Die auf Folie F4 abgebildeten Berge symbolisieren die Unterscheidung zwischen kurzen und langen Vokalen. Dieser Aspekt soll von den Schülern erkannt und verbalisiert werden. Unterstützt wird dieser Erkenntnisprozess durch das vorherige Setzen des Betonungsgipfels (betrachtet und besprochen werden zunächst nur die Wortreihen in den Bergen). Auf der Grundlage der gewonnenen Einsichten ergänzen die Schüler den Merksatz: „Der Betonungsgipfel kann auf einem langen oder kurzen Vokal liegen."

Arbeitsphase I
Die Lehrkraft erteilt den Arbeitsauftrag zu AB6 (S. 34). Die Schüler setzen in Partnerarbeit die Betonungsgipfel und ordnen die Wörter „im Tal" nach langem und kurzem Vokal den Bergen zu. Die gewählte Sozialform sichert dabei eine erste gegenseitige Kontrolle.

Sicherung
Die Schüler präsentieren und vergleichen ihre Ergebnisse anhand der Folie F4. Fehler werden verbessert.

Arbeitsphase II
Die Lehrkraft erzählt die Geschichte vom Hüttenfest (LM2, S. 35). Danach setzen die Schüler die Betonungsgipfel und sortieren die Verben nach der Länge des Vokals (AB7, S. 36). Anschließend werden die Ergebnisse mit Hilfe der Folie F5 (S. 37) gesichert.

Hausaufgaben
Die Schüler sollen zwei Berge (analog zu F4) zeichnen, passende Adjektive finden, die Betonungsgipfel setzen und die Adjektive den entsprechenden Bergen zuordnen. Zudem können hier die vertiefenden Übungen Ü4 - Ü7 zum Einsatz kommen.

F4

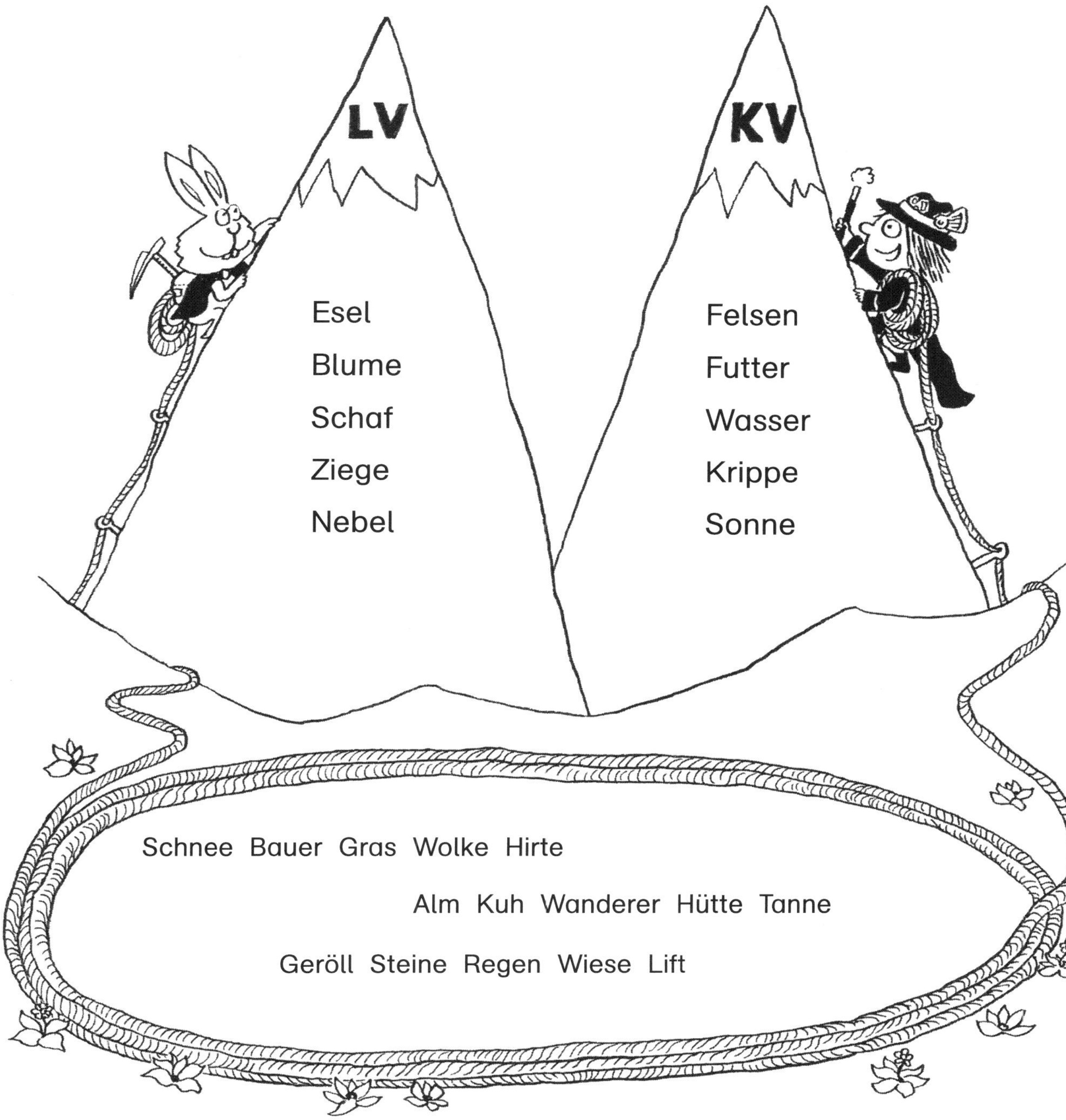

Der Betonungsgipfel kann auf einem ____________________
oder ____________________ Vokal liegen.

Hinweis: au, äu, eu, ie, ei, aa, ee und oo stellen zusammen einen Betonungsgipfel dar.

AB6

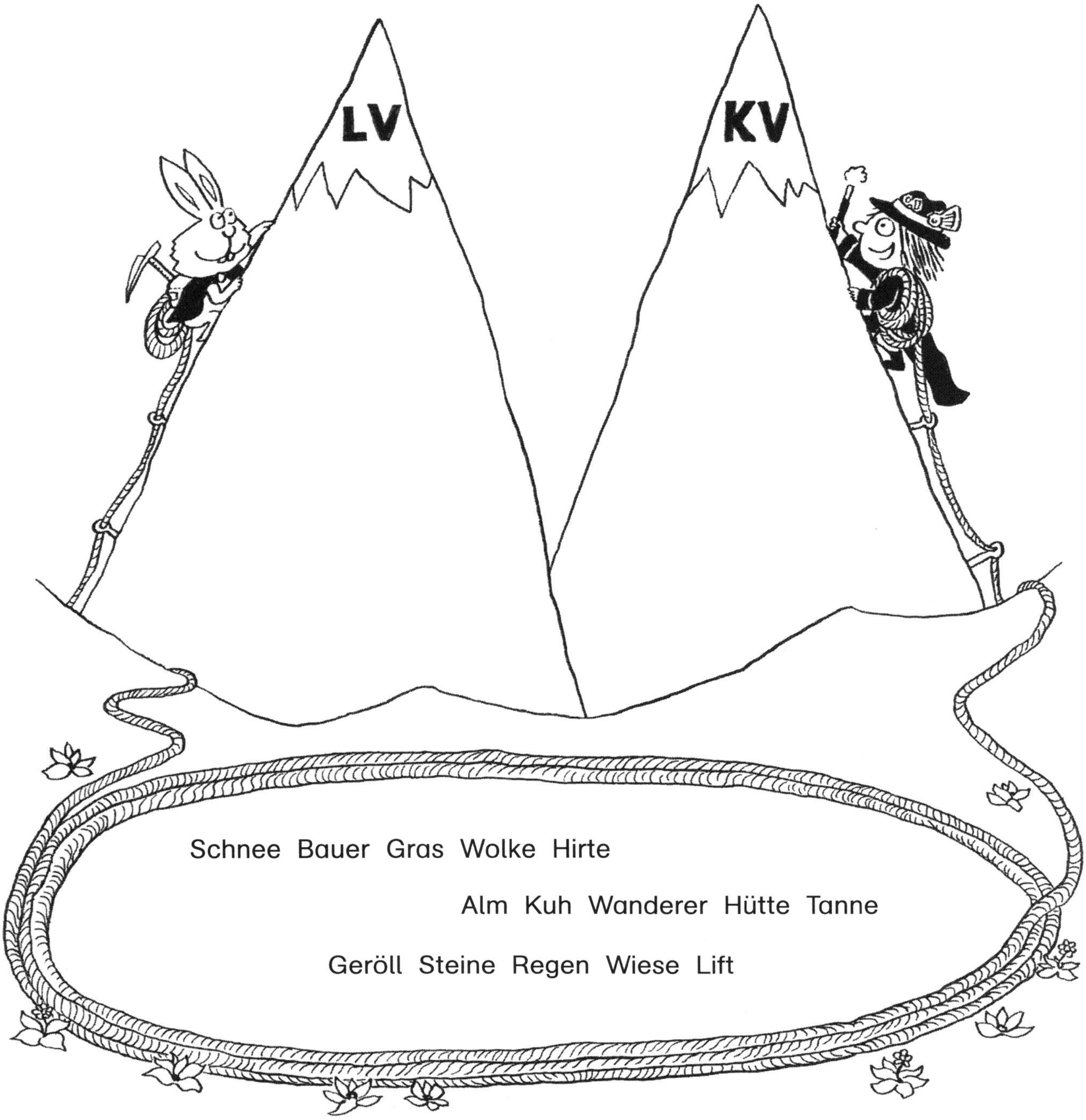

Der Betonungsgipfel kann auf einem ____________________
oder ____________________ Vokal liegen.

LM2

Geschichte zum „Hüttenfest"

Eines Tages machten sich die Verben auf den Weg zur Alm, um ihr jährliches Hüttenfest zu feiern.
Sie feierten und feierten, und es wurde immer später und dunkler.
Als sie aufbrechen wollten, fiel es ihnen schwer, den rechten Weg zu finden.
Verwirrt liefen sie durcheinander, hüpften von einer Seite zur nächsten, bis sie völlig erschöpft waren.
Der Morgen graute schon, als sie endlich wieder auf ihren Bergen ankamen.
Hättest du ihnen helfen können, schneller nach Hause zu kommen?

Arbeitsauftrag:
Ordnet die Verben den passenden Bergen zu und setzt die Betonungsgipfel!

AB7

LV
KV
brennen grasen rasen klettern
reden fressen sprudeln wandern
blühen schlafen fallen
laufen hüten singen steigen
brummen essen mähen
wuseln wackeln holen summen
wehen rennen jodeln
trinken hüpfen springen
dösen sich sonnen muhen hoppeln

Name:.....................................

Datum:.....................................

F5
Lösung AB7

Das Hüttenfest

LV (langer Vokal)	**KV (kurzer Vokal)**
hûten	brênnen
wûseln	frêssen
wêhen	wândern
schlâfen	klêttern
hôlen	fâllen
stêigen	brûmmen
jôdeln	êssen
dôsen	sûmmen
mûhen	sîngen
blûhen	wâckeln
mâhen	rênnen
rêden	hôppeln
grâsen	hûpfen
râsen	sich sônnen
sprûdeln	trînken
lâufen	sprîngen

Ü4

Name: ....

Datum: ....

Langer oder kurzer Vokal

Du siehst hier immer ein Wortpaar mit betontem „a“.
Sprich dir beide Wörter laut vor.
Male unter den betonten Vokal einen Strich, **wenn er** lang **ist, und einen** Punkt, **wenn er** kurz **ist.**

Sahne	-	Sand
Krampf	-	Kram
straffen	-	strafen
Nagel	-	Nacken
Frage	-	Falle
Panne	-	Paar
Gabel	-	Gatter
Hahn	-	Hamster
Land	-	laden
Mantel	-	mahnen
Rasse	-	Rasen
aber	-	alle
Taste	-	Tage
Schatten	-	Schaden
Fall	-	fahl
Saat	-	satt

Name:.....................................

Lösung Ü4

Datum:.....................................

Langer oder kurzer Vokal

Sprich dir beide Wörter laut vor.
Male unter den betonten Vokal einen Strich, wenn er lang ist, und einen Punkt, wenn er kurz ist.

Sahne	-	Sand	(lang – kurz)
Krampf	-	Kram	(kurz – lang)
straffen	-	strafen	(kurz – lang)
Nagel	-	Nacken	(lang – kurz)
Frage	-	Falle	(lang – kurz)
Panne	-	Paar	(kurz – lang)
Gabel	-	Gatter	(lang – kurz)
Hahn	-	Hamster	(lang – kurz)
Land	-	laden	(kurz – lang)
Mantel	-	mahnen	(kurz – lang)
Rasse	-	Rasen	(kurz – lang)
aber	-	alle	(lang – kurz)
Taste	-	Tage	(kurz – lang)
Schatten	-	Schaden	(kurz – lang)
Fall	-	fahl	(kurz – lang)
Saat	-	satt	(lang – kurz)

Name:......................................

Datum:....................................

Ü5

Langer oder kurzer Vokal

Du siehst hier immer ein Wortpaar mit betontem „e“.
Sprich dir beide Wörter laut vor.
Male unter den betonten Vokal einen Strich, wenn er lang ist, und einen Punkt, wenn er kurz ist.

Esel	-	Ebbe
Bett	-	Besen
Deckel	-	dehnen
Fee	-	Fenster
geben	-	Geld
Hemd	-	heben
kehren	-	kennen
lesen	-	lecker
Messer	-	Meer
Lehm	-	lenken
nehmen	-	nennen
Pfeffer	-	Peter
reden	-	rechnen
schenken	-	Schnee
Segel	-	Senf
Teller	-	Teer

Name:......................................

Lösung Ü5

Datum:......................................

Langer oder kurzer Vokal

Du siehst hier immer ein Wortpaar mit betontem „e“.
Sprich dir beide Wörter laut vor.
Male unter den betonten Vokal einen Strich, wenn er lang ist, und einen Punkt, wenn er kurz ist.

Esel	-	Ebbe	(lang – kurz)
Bett	-	Besen	(kurz – lang)
Deckel	-	dehnen	(kurz – lang)
Fee	-	Fenster	(lang – kurz)
geben	-	Geld	(lang – kurz)
Hemd	-	heben	(kurz – lang)
kehren	-	kennen	(lang – kurz)
lesen	-	lecker	(lang – kurz)
Messer	-	Meer	(kurz – lang)
Lehm	-	lenken	(lang – kurz)
nehmen	-	nennen	(lang – kurz)
Pfeffer	-	Peter	(kurz – lang)
reden	-	rechnen	(lang – kurz)
schenken	-	Schnee	(kurz – lang)
Segel	-	Senf	(lang – kurz)
Teller	-	Teer	(kurz – lang)

Ü6

Name:....................................

Datum:....................................

Langer oder kurzer Vokal

Du siehst hier immer ein Wortpaar mit betontem „ü“, „ö“ oder „ä“.
Sprich dir beide Wörter laut vor.
Male unter den betonten Vokal einen Strich, wenn er lang ist, und einen Punkt, wenn er kurz ist.

Löwe	-	können
Sünde	-	üben
nähren	-	Nässe
Plätzchen	-	Mädchen
Räder	-	Säcke
Täler	-	Wälder
höflich	-	Stöcke
Götter	-	Flöte
Blüte	-	pflücken
wütend	-	Gründe
dösen	-	rösten
Höhe	-	Hölle
Blöcke	-	blöken
lösen	-	löschen
pflücken	-	pflügen
Pläne	-	Plätze

Name:......................................

Datum:......................................

Lösung Ü6

Langer oder kurzer Vokal

Du siehst hier immer ein Wortpaar mit betontem „ü, ö oder ä“.
Sprich dir beide Wörter laut vor.
Male unter den betonten Vokal einen Strich, wenn er lang ist, und einen Punkt, wenn er kurz ist.

Löwe	-	können	(lang – kurz)
Sünde	-	üben	(kurz – lang)
nähren	-	Nässe	(lang – kurz)
Plätzchen	-	Mädchen	(kurz – lang)
Räder	-	Säcke	(lang – kurz)
Täler	-	Wälder	(lang – kurz)
höflich	-	Stöcke	(lang – kurz)
Götter	-	Flöte	(kurz – lang)
Blüte	-	pflücken	(lang – kurz)
wütend	-	Gründe	(lang – kurz)
dösen	-	rösten	(lang – kurz)
Höhe	-	Hölle	(lang – kurz)
Blöcke	-	blöken	(kurz – lang)
lösen	-	löschen	(lang – kurz)
pflücken	-	pflügen	(kurz – lang)
Pläne	-	Plätze	(lang – kurz)

lernserver • www.lernserver.de • info@lernserver.de • (0251) 83-28409

Name:......................................

Datum:.....................................

Ü7

Langer oder kurzer Vokal

Suche dir einen Partner. Ihr lest euch gegenseitig immer vier Wörter vor.
Zuerst wird überlegt, wo der betonte Vokal ist.
Dann wird bestimmt, ob er kurz oder lang ist.

Blätter
tippen
Lieder
Kabine

versöhnen
verachten
Schokolade
Schule

Wesen
Gardine
gewinnen
kämmen

belohnen
Hütte
Täler
plötzlich

lernserver • www.lernserver.de • info@lernserver.de • ☎ (0251) 83-28409

Name:......................................

Lösung Ü6

Datum:......................................

Langer oder kurzer Vokal

Suche dir einen Partner. Ihr lest euch gegenseitig immer vier Wörter vor.
Zuerst wird überlegt, wo der betonte Vokal ist.
Dann wird bestimmt, ob er kurz oder lang ist.

Blätter	(ä, kurz)
tippen	(i, kurz)
Lieder	(i, lang)
Kabine	(i, lang)
versöhnen	(ö, lang)
verachten	(a, kurz)
Schokolade	(a, lang)
Schule	(u, lang)
Wesen	(1. e, lang)
Gardine	(i, lang)
gewinnen	(i, kurz)
kämmen	(ä, kurz)
belohnen	(o, lang)
Hütte	(ü, kurz)
Täler	(ä, lang)
plötzlich	(ö, kurz)

4. Stunde: „Trenne und erkenne!“ (Zusammengesetzte Nomen)

Ziel: Zusammengesetzte Nomen: Trennen der Wortbausteine und Finden aller Betonungsgipfel

Didaktische und methodische Hinweise

In dieser Stunde sollen zusammengesetzte Nomen als „Sonderfall“ behandelt werden. Die Schüler lernen, dass zusammengesetzte Nomen in ihre Bestandteile zerlegt werden müssen, um alle Betonungsgipfel zu finden. Die Regel „Jeder Berg hat einen Gipfel, jedes Wort hat einen Betonungsgipfel“ wird ergänzt durch: „Zusammengesetzte Wörter müssen getrennt werden; für jedes Wort wird ein eigener Betonungsgipfel bestimmt.“
Diese Regel-Ergänzung steht nicht im Widerspruch zu der bestehenden Regel, denn die Bestandteile der zusammengesetzten Wörter werden zum Finden der Betonungsgipfel einzeln betrachtet.

Verlaufsplan (Zeitrahmen: 45 Minuten)

Zeit	Phase	U-Schritte	Arbeitsform	Medien
8 min	Anknüpfung	Besprechung der HA	UG	HA/Schilder: HÜTTEN-FEST
2 min	Einstieg	Impuls	UG	Schilder
5 min	Hinführung	Problemerkennung	UG	Schilder
10 min	Erarbeitung	Problemerarbeitung/ Regelfindung	UG	Schilder, Edding, Tafelmagnete
10 min	Arbeitsphase	Anwendung	EA	AB8 + vertiefende Übungen (Ü8 - Ü11)
10 min	Vertiefung	Spiel	Spiel, zwei Gruppen	Karten

Beschreibung

Anknüpfung

Das zusammengesetzte (!) Schild „Hüttenfest" (Vorlage S. 48) – mit Magneten an der Tafel befestigt – gibt den Impuls zur Besprechung der Hausaufgabe. HÜTTENFEST

Einstieg

Die Lehrkraft zieht nach Verbesserung der HA das Schild auseinander und die Schüler erkennen, dass es sich um ein zusammengesetztes Nomen handelt.

HÜTTEN — FEST

Hinführung

Die Schüler ergänzen den Wortbestandteil „-fest" um weitere Zusammensetzungsmöglichkeiten („Schützen-", „Berg-", „Geburtstags-" ...).

Erarbeitung

Die Betonungsgipfel werden gesetzt. Anschließend fügt die Lehrkraft die beiden Bestandteile „Hütten-" und „-fest" wieder zusammen (Schilder werden zusammengeschoben). Die Schüler erkennen, dass das zusammengesetzte Wort zwei Betonungsgipfel hat und formulieren eine Regel: „Zusammengesetzte Wörter müssen getrennt werden; für jedes Wort wird ein eigener Betonungsgipfel bestimmt". Die Lehrkraft bespricht mit den Schülern den vermeintlichen Widerspruch zur bestehenden Regel „Jeder Berg hat einen Gipfel, jedes Wort hat einen Betonungsgipfel".

Arbeitsphase

Die Schüler bearbeiten das AB8 und ggf. die vertiefenden Übungen Ü8 - Ü11.

Vertiefung

Pantomimische Darstellung zusammengesetzter Nomen (Scharade).

HÜTTEN

FEST

Name: AB8

Datum: ....

FEST

BERG

BLUME (N)

Trenne die zusammengesetzten Nomen und setze die Betonungsgipfel!

Bilderrahmen	Mondkalb	Hexenbesen
Tigerente	Suppenkasper	Maschendraht
Klassenraum	Ententanz	Geisterschloss
Kichererbse	Flaschenpost	Flohwalzer
Seidenraupe	Löwenzahn	Nervensäge
Sommersprosse	Grashüpfer	Schlafmütze

Erweiterte Regel: ____________________

Ü8

Name:.....................................

Datum:.....................................

Betonung

Trenne die zusammengesetzten Nomen in ihre einzelnen Teile und bestimme ihren Betonungsgipfel.

Arbeite so: Gartenschere –> der Gârten, die Schêre

Hundekuchen ______________________

Honigameise ______________________

Birnenkuchen ______________________

Nachtlager ______________________

Kugelfisch ______________________

Regenmantel ______________________

Menschenkinder ______________________

Elternabend ______________________

Autoreifen ______________________

Zauberkasten ______________________

Blumenvase ______________________

Würfelbecher ______________________

Name:.....................................

Lösung Ü8

Datum:.....................................

Betonung

Trenne die zusammengesetzten Nomen in ihre einzelnen Teile und bestimme ihren Betonungsgipfel.
Arbeite so: Gartenschere –> der Gârten, die Schêre

Hundekuchen:	die Hûnde, der Kûchen
Honigameise:	der Hônig, die Âmeise
Birnenkuchen:	die Bîrnen, der Kûchen
Nachtlager:	die Nâcht, das Lâger
Kugelfisch:	die Kûgel, der Fîsch
Regenmantel:	der Rêgen, der Mântel
Menschenkinder:	die Mênschen, die Kînder
Elternabend:	die Êltern, der Âbend
Autoreifen:	das Âuto, der Reîfen
Zauberkasten:	der Zâuber, der Kâsten
Blumenvase:	die Blûmen, die Vâse
Würfelbecher:	der Wûrfel, der Bêcher

Name:....................................

Datum:....................................

Ü9

Betonung

Trenne die zusammengesetzten Nomen in ihre einzelnen Teile und bestimme ihren Betonungsgipfel.
Arbeite so:
Gartenschere –> der Gârten, die Schêre

Telefonhörer ______________________

Märchenbücher ______________________

Hexenmeister ______________________

Luftmatratzen ______________________

Bettgestell ______________________

Zeltstangen ______________________

Elefantenrüssel ______________________

Löwenmähne ______________________

Häuserzeile ______________________

Opernball ______________________

Discomusik ______________________

Regalbretter ______________________

Hotelbetten ______________________

Himmelskörper ______________________

Name:.......................................

Lösung Ü9

Datum:.......................................

Betonung

Trenne die zusammengesetzten Nomen in ihre einzelnen Teile und bestimme ihren Betonungsgipfel.
Arbeite so:
Gartenschere –> der Gârten, die Schêre

Telefonhörer:	das Telefôn, der Hö̂rer
Märchenbücher:	das Mä̂rchen, die Bûcher
Hexenmeister:	die Hêxen, der Mêister
Luftmatratzen:	die Lûft, die Matrâtzen
Bettgestell:	das Bêtt, das Gestêll
Zeltstangen:	das Zêlt, die Stângen
Elefantenrüssel:	die Elefânten, der Rü̂ssel
Löwenmähne:	der Lö̂we, die Mä̂hne
Häuserzeile:	die Hä̂user, die Zêile
Opernball:	die Ôper, der Bâll
Discomusik:	die Dîsco, die Musîk
Regalbretter:	das Regâl, die Brêtter
Hotelbetten:	das Hotêl, die Bêtten
Himmelskörper:	der Hîmmel, der Kö̂rper

Name: ....

Datum: ....

Ü10

Betonung

Trenne die zusammengesetzten Nomen in ihre einzelnen Teile und bestimme ihren Betonungsgipfel.
Arbeite so:
Gartenblumenschere –> der Gârten, die Blûme, die Schêre

Stadtindianer ______________________________

Probefahrt ______________________________

Olivenölflasche ______________________________

Bankangestellte ______________________________

Zehenspitzentanz ______________________________

Siegesfreude ______________________________

Mannschaftskapitän ______________________________

Versammlungsraum ______________________________

Erdgeschosswohnung ______________________________

Brauselimonade ______________________________

Vergrößerungsgerät ______________________________

Schulleiterzimmer ______________________________

Fußballspiel ______________________________

Geschäftsmann ______________________________

Stadtparkwege ______________________________

Grundstückspreis ______________________________

Name:.......................................

Datum:.......................................

Lösung Ü10

Betonung

Trenne die zusammengesetzten Nomen in ihre einzelnen Teile und bestimme ihren Betonungsgipfel.
Arbeite so:
Gartenblumenschere –> der Gârten, die Blûme, die Schêre

Stadtindianer:	die Stâdt, der Indiâner
Probefahrt:	die Prôbe, die Fâhrt
Olivenölflasche:	die Olîve, das Ö̂l, die Flâsche
Bankangestellte:	die Bânk, der Ângestellte
Zehenspitzentanz:	die Zêhen, die Spîtzen, der Tânz
Siegesfreude:	der Sîeg, die Frêude
Mannschaftskapitän:	die Mânnschaft, der Kapitä̂n
Versammlungsraum:	die Versâmmlung, der Râum
Erdgeschosswohnung:	die Êrde, das Geschôss, die Wôhnung
Brauselimonade:	die Brâuse, die Limonâde
Vergrößerungsgerät:	die Vergrö̂ßerung, das Gerä̂t
Schulleiterzimmer:	die Schûle, der Lêiter, das Zîmmer
Fußballspiel:	der Fûß, der Bâll, das Spîel
Geschäftsmann:	das Geschä̂ft, der Mânn
Stadtparkwege:	die Stâdt, der Pârk, die Wêge
Grundstückspreis:	der Grûnd, das Stü̂ck, der Prêis

Ü11

Name:.....................................

Datum:.....................................

Langer oder kurzer Vokal

1. Betrachte die unterstrichenen Wörter in jeder Zeile und zähle nur die kurzen betonten Vokale.

2. Male unter jeden kurzen betonten Laut einen Punkt.

3. Schreibe dieses Gedicht in dein Heft.

Auf dem Rummelplatz ____________

Lasst uns zur Geisterbahn gehen, ____________
uns im Dunkeln gruseln. ____________
Wo Knochengerüste stehen ____________
und Monsterfratzen wuseln. ____________

Spinnweben hängen von den Decken, ____________
Geräusche lassen uns erschauern. ____________
Kalter Hauch weht um die Ecken ____________
und wilde Tiere lauern. ____________

Doch die Fahrt geht rasend schnell, ____________
wir platschen in ein Wasserbecken. ____________
Vorne wird es wieder hell, ____________
und zu Ende ist der Schrecken. ____________

Name:.....................................

Datum:.....................................

Lösung Ü11

Langer oder kurzer Vokal

1. **Betrachte die unterstrichenen Wörter in jeder Zeile und zähle nur die kurzen betonten Vokale.**

2. **Male unter jeden kurzen betonten Laut einen Punkt.**

3. **Schreibe dieses Gedicht in dein Heft.**

Auf dem R**u**mmelpl**a**tz	2
L**a**sst uns zur Geisterbahn gehen,	1
uns im D**u**nkeln gruseln.	1
Wo Kn**o**chenger**ü**ste stehen	2
und M**o**nsterfr**a**tzen wuseln.	2
Sp**i**nnweben h**ä**ngen von den D**e**cken,	3
Geräusche l**a**ssen uns erschauern.	1
K**a**lter Hauch weht um die **E**cken	2
und w**i**lde Tiere lauern.	1
Doch die Fahrt geht rasend schn**e**ll,	1
wir pl**a**tschen in ein W**a**sserb**e**cken.	3
V**o**rne wird es wieder h**e**ll,	2
und zu **E**nde ist der Schr**e**cken.	2

5. Stunde: „Erkennen und Trennen: Vorsilben in den Sack!"

Ziel: Abtrennen von Vorsilben, Sensibilisieren für Rechtschreibfallen

Didaktische und methodische Hinweise

Die Schüler finden an geeigneten Beispielen heraus, dass man die Vorsilben vom „eigentlichen" Wort abtrennen muss, um den für die Rechtschreibung relevanten Betonungsgipfel betimmen zu können. Der Grund für die Abtrennung: Einige Vorsilben sind betont, stellen aber im Wesentlichen keine Rechtschreibschwierigkeit dar.

Verlaufsplan (Zeitrahmen: 45 Minuten)

Zeit	U-Phase	Unterrichtsgeschehen	Arbeitsform	Medien
5 min	Einstieg	Demonstration	UG	F6
5 min	Erarbeitung I	Problemerkennnung	UG	Tafel
10 min	Übung	Anwendung	EA	AB9, F7
5 min	Erarbeitung II	Bewusstmachung	UG	Tafel
15 min	Vertiefung	Anwendung	EA	F7, vertiefende Übungen (Ü12 - Ü14)
5 min	Sicherung	Regel	UG	Tafel

Beschreibung

Einstieg
Von der Lehrkraft auf Folie präsentierte Verben mit gleicher Vorsilbe geben den Impuls zur Erkennung des Phänomens „Vorsilbe“ (F6, Vorlage S. 60).

Erarbeitung I
Die Schüler nennen eigene Beispiele, die Lehrkraft sammelt diese an der Tafel.

Übung
Zur Übung bekommen die Schüler das Arbeitsblatt AB9 (S. 61). Sie trennen die Vorsilben ab, schreiben diese in den abgebildeten „Sack“ und setzen die Betonungsgipfel auf die übrig gebliebenen Wörter. Zur Sicherung bearbeitet ein Schüler die Aufgabe auf einer Folie.

Erarbeitung II
Die Begründung für das Abtrennen der Vorsilben wird gemeinsam erarbeitet (zentrale Bedeutung des Betonungsgipfels für die Rechtschreibung). Dies wird am Wort „weglassen“ demonstriert: Vorsilbe abtrennen, Betonungsgipfel auf das „a“ setzen, um auf die Gefahrenstelle „ss“ hinzuweisen.

Vertiefung
Die Schüler vollziehen an Beispielen der Folie F7 (Dehnung/Dopplung) die Problematik nach und erkennen die Gefahrenstellen. Sie vertiefen ihr Wissen mit Hilfe einer Übung (Ü12 - Ü14).

Sicherung
Das Fazit der Stunde wird gemeinsam erarbeitet und als Regel formuliert: „Hast du den Betonungsgipfel entdeckt, weißt du, dass dahinter eine Rechtschreibklippe steckt!“ Die Schüler übernehmen diese Regel in ihre Förderordner.

Hausaufgaben
Weiterführende Übungen zur Vertiefung (Ü12 - Ü14).

F6

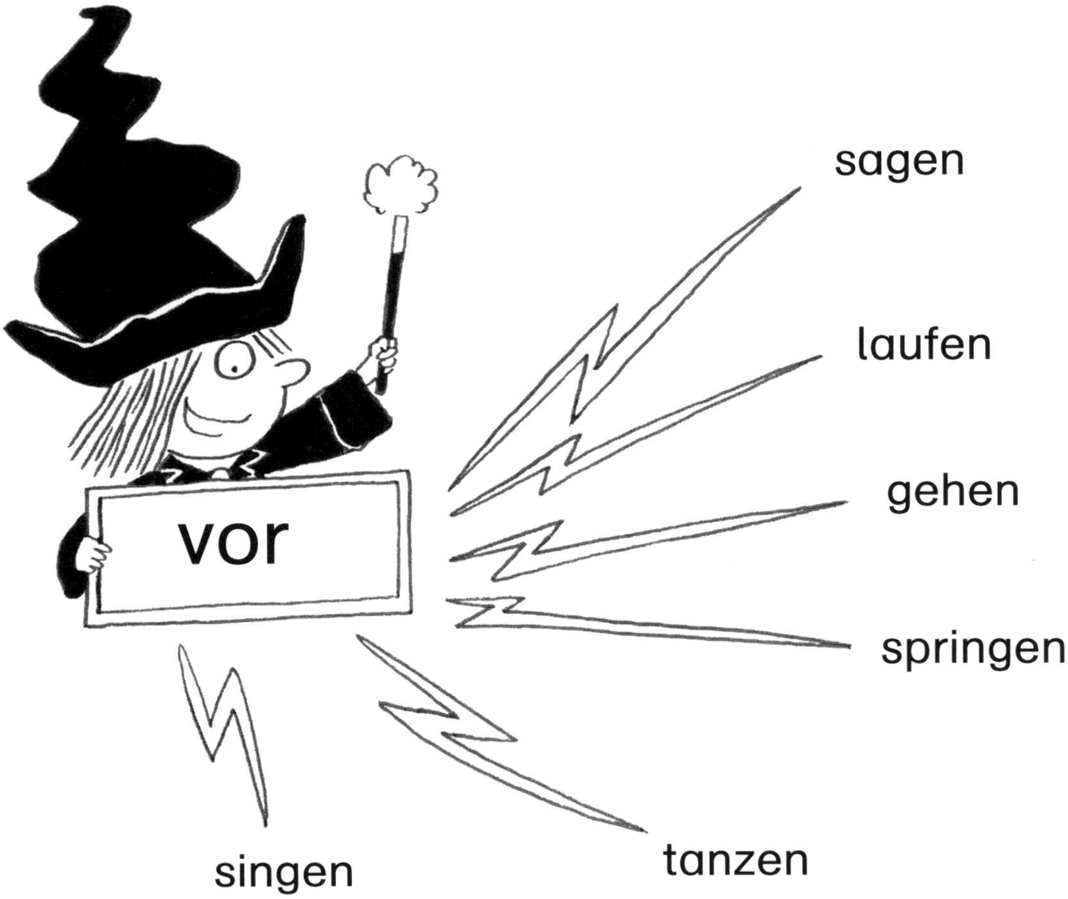

Name:.....................................

F7/AB9

Datum:.....................................

Vorsilben in den Sack!

verstehen aufpumpen vorsagen

vorfahren versprechen vorsingen

auftreten bezahlen entlaufen

wegrennen beschaffen befahren nachmachen

umgehen zerschmeißen mitreden

hinsetzen versammeln hinlegen aufstehen

anmachen bekennen anstellen

entfliehen unsicher bereden

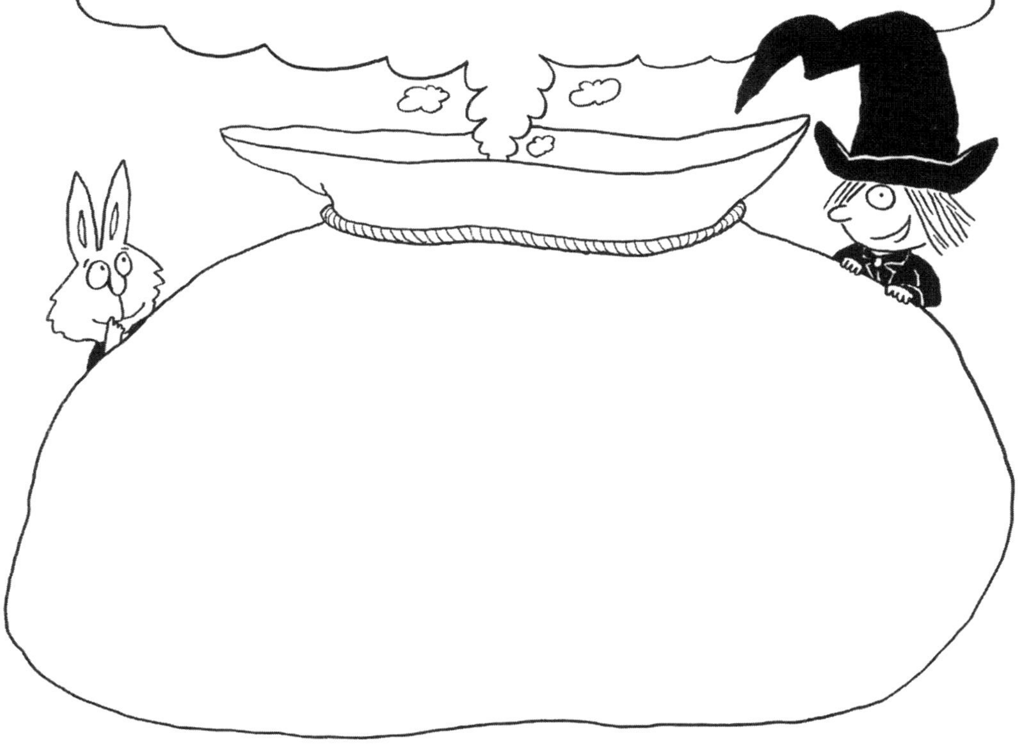

Name:.....................................

Datum:.....................................

Ü12

Betonung

Hier sollst du erst die betonten Vor- und Nachsilben vom übrigen Wort abtrennen. Dann bestimme den Betonungsgipfel.

Beispiel: Kannst du bitte die Dose aufmachen? auf/mâchen

Vor dem Laden müssen wir unseren Hund anbinden. ______________

Die Sonne wird um 19.30 Uhr untergehen. ______________

Sabine würde gerne zwei Kilo abnehmen. ______________

Wie groß ist euer Grundstück ungefähr? ______________

Günter kann wunderbare Vorspeisen zubereiten. ______________

Anlässlich des Festes kaufte sich Vater einen Frack. ______________

Willst du damit andeuten, dass du nicht kommen wirst? ______________

Gebräunte Haut galt im 19. Jahrhundert als unfein. ______________

Die Bäckerei hat zwei Wochen geschlossen. ______________

Anna muss ihre Hausaufgaben nacharbeiten. ______________

Onkel Herbert kam unvermutet aus Australien zurück. ______________

Musstest du schon einmal nachsitzen? ______________

Steffi, kannst du bitte den Wasserhahn zudrehen? ______________

Niemand ist ganz unabhängig von anderen Menschen. ______________

Name:......................................

Lösung Ü12

Datum:......................................

Betonung

Hier sollst du erst die betonten Vor- und Nachsilben vom übrigen Wort abtrennen. Dann bestimme den Betonungsgipfel.

Beispiel: Kannst du bitte die Dose aufmachen? auf/mâchen

Vor dem Laden müssen wir unseren Hund anbinden.	an/bînden
Die Sonne wird um 19.30 Uhr untergehen.	unter/gêhen
Sabine würde gerne zwei Kilo abnehmen.	ab/nêhmen
Wie groß ist euer Grundstück ungefähr?	un/ge/fâhr
Günter kann wunderbare Vorspeisen zubereiten.	zu/be/rêiten
Anlässlich des Festes kaufte sich Vater einen Frack.	an/lâsslich
Willst du damit andeuten, dass du nicht kommen wirst?	an/dêuten
Gebräunte Haut galt im 19. Jahrhundert als unfein.	un/fêin
Die Bäckerei hat zwei Wochen geschlossen.	Bâcker/ei
Anna muss ihre Hausaufgaben nacharbeiten.	nach/ârbeiten
Onkel Herbert kam unvermutet aus Australien zurück.	un/ver/mûtet
Musstest du schon einmal nachsitzen?	nach/sîtzen
Steffi, kannst du bitte den Wasserhahn zudrehen?	zu/drêhen
Niemand ist ganz unabhängig von anderen Menschen.	un/ab/hângig

Name:......................................

Datum:......................................

Ü13

Langer oder kurzer Vokal

Welches Wort gehört in welche Reihe?
Der betonte Vokal oder Umlaut steht schon drin. Finde heraus, ob er lang oder kurz ist.

Erholung, glätten, Zirkel, brummen, Kirsche, November, verwenden, Spinat, Kilo, Banane, Fabrik, Mandarine, Möwe, Pantoffel, knüllen

							a						
							i						
							o						
							o						
							ü						
							e						
							ö						
							e						
							i						
							ä						
							i						
							i						
							a						
							u						
							i						

Name:......................................

Datum:.....................................

Lösung Ü13

Langer oder kurzer Vokal

Welches Wort gehört in welche Reihe?
Der betonte Vokal oder Umlaut steht schon drin. Finde heraus, ob er lang oder kurz ist.

Erholung, glätten, Zirkel, brummen, Kirsche, November, verwenden, Spinat, Kilo, Banane, Fabrik, Mandarine, Möwe, Pantoffel, knüllen

			S	p	i	n	**a**	t						(lang)
						K	**i**	r	s	c	h	e		(kurz)
				E	r	h	**o**	l	u	n	g			(lang)
			P	a	n	t	**o**	f	f	e	l			(kurz)
					k	n	**ü**	l	l	e	n			(kurz)
				N	o	v	**e**	m	b	e	r			(kurz)
						M	**ö**	w	e					(lang)
			V	e	r	w	**e**	n	d	e	n			(kurz)
						Z	**i**	r	k	e	l			(kurz)
					g	l	**ä**	t	t	e	n			(kurz)
	M	a	n	d	a	r	**i**	n	e					(lang)
			F	a	b	r	**i**	k						(kurz)
				B	a	n	**a**	n	e					(lang)
					b	r	**u**	m	m	e	n			(kurz)
						K	**i**	l	o					(lang)

Name:.....................................

Ü14 (1)

Datum:.....................................

Langer oder kurzer Vokal

Lies dir diese Geschichte erst einmal in Ruhe durch.
Dann suche aus dieser Geschichte Wörter heraus, und zwar:
1. Zwölf Nomen mit einem langen betonten Vokal oder Umlaut.
2. Zwölf Nomen mit einem kurzen betonten Vokal oder Umlaut.

Der Papagei

Es gibt rund 350 Arten von Papageien. Alle leben in tropischen und subtropischen Gebieten. In den feuchten Urwäldern von Südamerika und Südostasien kommen sie sehr häufig vor. Sie streifen auf der Suche nach Futter oft in Schwärmen durch den Busch und können an Obstplantagen großen Schaden anrichten. Ab und zu gefährden sie sogar Flugzeuge beim Starten und Landen.

Papageien fressen Insekten, Blumen, Nektar, Früchte, Wurzeln und Samen und suchen in Bäumen oder am Boden danach.

Viele Papageien sind wunderschön bunt gefärbt. Vor allem der Hellrote Ara ist besonders farbenprächtig. Er hat ein Gefieder, das von Rot über Gelb zu Grün und Blau reicht. Er gehört mit knapp einem Meter auch zu den größten seiner Art.

Der afrikanische Graupapagei hingegen hat nur einen roten Schwanz, das restliche Gefieder ist grau. Dafür kann er die menschliche Sprache sehr geschickt nachahmen und sich teilweise über 750 Wörter merken.
Als Haustier ist er deshalb sehr beliebt, ähnlich wie der Wellensittich, der aus Australien stammt und vor 150 Jahren nach Europa kam. Dieser kleine Papagei kann sehr zahm und zutraulich werden, wenn man ihn als Jungvogel bekommt und alleine hält. Eigentlich hätte er aber viel lieber Gesellschaft, deshalb sollte man mindestens zwei Wellensittiche in einem Käfig halten.
Wie seine großen Brüder auch kann er alle möglichen Geräusche nachahmen, zum Beispiel das Miauen einer Katze, das Bellen eines Hundes, das Quietschen einer Tür und natürlich die menschliche Sprache. Dabei

Name:.....................................

Ü14 (2)

Datum:.....................................

handelt es sich allerdings wirklich nur um ein reines Imitieren, das heißt, er kann die Wörter nie sinngemäß gebrauchen oder gar damit selbst einen ganzen Satz bilden. Er ist auch nicht in der Lage, seine Menschen zu verstehen oder ihnen auf eine Frage richtig zu antworten. Lustig ist es mit ihm aber trotzdem, wenn er zum Beispiel ein Klingelgeräusch nachmacht und sämtliche Familienmitglieder umsonst zum Telefon eilen.

Papageien erreichen zum Teil ein erstaunliches Alter. Es gibt Fälle, in denen einzelne Tiere in Gefangenschaft über 100 Jahre alt wurden. Damit gehören sie zu den langlebigsten warmblütigen Lebewesen.

Fast alle Papageien nisten in Baumhöhlen und Astlöchern. Die Weibchen legen wenige weiße, fast runde Eier, die bis zu 35 Tage lang bebrütet werden.
Die Jungen verlassen die Nester spätestens nach 90 Tagen, bleiben aber danach noch eine Weile mit ihren Eltern zusammen.

6. Stunde:
„Die lustige Weihnacht“

Ziel: Spielerisches Zusammenfassen wichtiger Elemente der Betonungseinheit

Didaktische und methodische Hinweise

Diese Stunde dient der Wiederholung des Gelernten und kann jahreszeitlich passend z.B. unter dem thematischen Aspekt „Weihnachten“ durchgeführt werden (das Grundkonzept ist jedoch auch auf andere Anlässe übertragbar). Um einen ganzheitlichen und netten Rahmen zu schaffen, ist eine Einleitung der Stunde durch ein gemeinsames Essen, Singen und Spielen zu empfehlen. Dabei könnten auch die Eltern mit einbezogen werden.

Verlaufsplan (Zeitrahmen: 75 Minuten und mehr)

Zeit	U-Phase	Unterrichtsgeschehen	Arbeitsform	Medien
30 min	Einstimmung	Gemeinsames Essen		variabel
15 min	Einstieg	Gemeinsames Singen		Notenblatt und Liedtext
10 min	Rückblick	Wiederholung	UG	AB10
20 min	Arbeitsphase	Anwendung	EA	AB10, F8
	Vertiefung	Hausaufgabe	HA	AB11

Beschreibung

Einstimmung
Alle Kinder, Lehrer und beteiligte Eltern treffen sich in einem geeigneten Raum, um gemeinsam einen von den Eltern zubereiteten Imbiss zu sich zu nehmen.

Einstieg
Nach der gemeinsamen Mahlzeit wird das Lied „Die lustige Weihnacht" (S. 70) verteilt und alle Beteiligten singen zusammen. (Empfohlen wird dabei die Mitwirkung eines Musiklehrers.)

Rückblick
Die Schüler gehen in ihre Arbeitsgruppen und wiederholen die bisher gefundenen Regeln zur Betonung.

Arbeitsphase
Die Schüler wenden die wiederholten Regeln an, indem die unterstrichenen Wörter des Liedtextes (AB10) mit dem Betonungsgipfel versehen und nach kurzem und langem Vokal in die „Geschenkkisten" sortiert werden. Der Vergleich der Ergebnisse erfolgt anschließend anhand der Folie F8 (Vorlage S. 72).

Vertiefung
Mit dem AB11 (S. 73) vertiefen die Schüler ihre Kenntnisse zu Hause.

Name: ....

Datum: ....

Die lustige Weihnacht

Text: James Krüss
Melodie: Richard Voss
©1991 by G. Ricordi & Co. München

Strophe 2
Es ertönen tausend Flöten,
tausend Kerzen geben Glanz,
und die würdigen Kometen
wedeln lustig mit dem Schwanz.
Hinterm Zaun im Paradiese,
gar nicht weit vom Himmelstor.
musiziert auf einer Wiese
auch der Engelskinderchor.

Strophe 3
Ihre roten Tröpfelnasen
putzen sich die Kleinen schnell.
Und dann singen sie und blasen
auf Fanfaren, silberhell.
Jedes Jahr um diese Stunde
singen sie nach altem Brauch.
Alle Sterne in der Runde
lauschen – und die Menschen auch.

Strophe 4
Manchmal aber, leise, leise,
wird der Chor der Engel stumm,
und im ganzen Sternenkreise
geht ein sanftes Flüstern um.
Dann erscheinen sieben Schimmel,
zärtlich ruft es „Hüh und Hott!"
Und gemächlich durch den Himmel
fährt daher der liebe Gott.

Strophe 5
Da verstummen alle Lieder
und die Engel machen fix
mit gefaltetem Gefieder
vor dem Herrgott einen Knicks.
Alle gold'nen Sternenherden
dreh'n sich still dazu im Tanz,
und im Himmel und auf Erden leuchtet
Weihnachtskerzenglanz.

Name:.....................................

Datum:.....................................

AB10

Male bei den unterstrichenen Wörtern des Liedtextes den Betonungsgipfel über den betonten Vokal. Ordne die Wörter in die Geschenkpakete.

F8

Name:.....................................

Datum:.....................................

Male bei den unterstrichenen Wörtern des Liedtextes den Betonungsgipfel über den betonten Vokal. Ordne die Wörter in die Geschenkpakete.

Name:......................................

AB 11

Datum:......................................

Welche Wörter passen?
Das Lösungswort kommt dir bestimmt inzwischen bekannt vor!

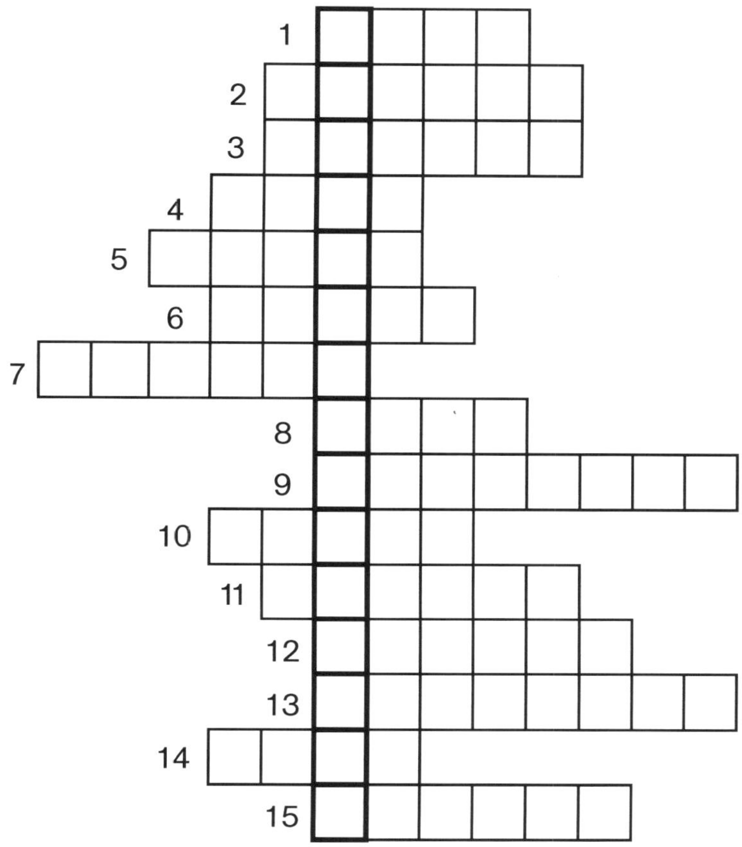

1: Trägt der Nikolaus im Gesicht
2: Leuchtschmuck am Weihnachtsbaum
3: Leuchten in der Nacht am Himmel
4: Gruppe von Sängern
5: Heller Schein
6: Anderes Wort für „sprachlos“
7: Holz-Blasinstrumente der Engel
8: Reden ist Silber, Schweigen ist ....
9: Weißes Pferd
10: Flugfähiges Gottesgeschöpf
11: Wohnort der Engel und Heiligen
12: Einer der 12 Jünger
13: Blech-Blasinstrumente der Engel
14: Vertontes Gedicht
15: Anderes Wort für „witzig“

Lösung AB11

Name:......................................

Datum:......................................

Welche Wörter passen?
Das Lösungswort kommt dir bestimmt inzwischen bekannt vor!

1						B	A	R	T				
2					K	E	R	Z	E	N			
3					S	T	E	R	N	E			
4				C	H	O	R						
5			G	L	A	N	Z						
6				S	T	U	M	M					
7	F	L	Ö	T	E	N							
8						G	O	L	D				
9						S	C	H	I	M	M	E	L
10				E	N	G	E	L					
11					H	I	M	M	E	L			
12						P	E	T	R	U	S		
13						F	A	N	F	A	R	E	N
14				L	I	E	D						
15						L	U	S	T	I	G		

1: Trägt der Nikolaus im Gesicht
2: Leuchtschmuck am Weihnachtsbaum
3: Leuchten in der Nacht am Himmel
4: Gruppe von Sängern
5: Heller Schein
6: Anderes Wort für „sprachlos“
7: Holz-Blasinstrumente der Engel
8: Reden ist Silber, Schweigen ist ....
9: Weißes Pferd
10: Flugfähiges Gottesgeschöpf
11: Wohnort der Engel und Heiligen
12: Einer der 12 Jünger
13: Blech-Blasinstrumente der Engel
14: Vertontes Gedicht
15: Anderes Wort für „witzig“

lernserver • www.lernserver.de • info@lernserver.de • ☎ (0251) 83-28409

Kennenlernstunde zur Betonung

Dem Unterrichtsgeschehen geht eine Kennenlernphase voraus mit verschiedenen Kennenlernspielen, z. B. Suche/Finde, Wollknäuelspiel, Kofferpacken.

Kofferpacken:

Die Kinder sitzen im Kreis und nennen jeweils ihren Namen und einen Gegenstand, den sie in einen Koffer packen. Der zweite Schüler wiederholt das, was der erste gesagt hat, und ergänzt es mit seinen Angaben. Der dritte wiederholt die Angaben des ersten und zweiten und erweitert alles mit seinen eigenen Ideen usw.

Suche/Finde:

Die Lehrkraft nennt Eigenschaften und Merkmale eines Schülers, ohne dessen Namen zu verraten. Die Kinder begeben sich auf die Suche nach Mitschülern, auf die diese Angaben zutreffen (und tragen die Namen ggf. in eine entsprechende Liste ein).

Wollknäuelspiel:

Die Schüler stehen mit der Lehrkraft im Kreis. Diese hat ein Wollknäuel in der Hand, erzählt zunächst etwas über sich, wirft dann das Knäuel einem Schüler zu. Sie dabei das Fadenende in der Hand. Der Schüler fängt, stellt sich kurz vor, wirft seinerseits das Knäuel weiter und behält auch ein Fadenende in der Hand. Zum Schluss ist die ganze Klasse durch Fäden miteinander verbunden und jeder weiß etwas von den anderen.

Anschließend werden Deckblätter für die Förderordner ausgeteilt, beschriftet und bemalt.

Vorübungen zur Betonung

Die hier vorgestellten Übungen können dazu genutzt werden, Kindern dabei behilflich zu sein, den Übergang vom eigenen Sprechen und Hören zu einem sukzessiven Bewusstwerden von Sprache und Sprachmelodie zu meistern. Sie können aber auch zur Auflockerung der einzelnen Stunden herangezogen werden. Hören-Können, Sprechen und Sprachgefühl sind eine wichtige Vorstufe fürs Lesen und in ihrer Bedeutung für das Schreiben nicht zu unterschätzen.

1. Geräusche und Klänge identifizieren
1.1. Geräusche raten (Alltagsgegenstände)
1.2. Geräusche raten (Umweltgeräusche)
1.3. Geräusche differenzieren (z.B. Wasser)
1.4. Stimmen identifizieren
1.5. Spiel: „Hänschen piep einmal!“
1.6. Musikinstrumente erraten
1.7. Verblüffende Klänge

2. Wörter identifizieren
2.1. Stille Post
2.2. Versuch zum Hören/Wörter verstehen (leise)
2.3. Versuch zum Hören/Wörter verstehen (laut)

3. laut – leise
3.1. Stille hören
3.2. Meditative Übungen zur Erziehung zur Stille
3.3. Wo versteckt der Hund den Schlüssel?
3.4. Sprechverse und Lieder mit Strophen in unterschiedlichen Lautstärken
3.5. Das müde Echo
3.6. Das freche Echo

4. hoch – tief/hell – dunkel
4.1. Klangbeispiele mit Musikinstrumenten
4.2. Klangbeispiele im Klassenzimmer und draußen
4.3. Zungenbrecher/Sprechverse
4.4. Bewegungsspiele

5. lang – kurz
5.1. Töne und Klänge
5.2. Testreihen
5.3. Zeichensprache
5.3.1. Einzelne Töne (Klänge/Geräusche)
5.3.2. Klangfolgen
5.3.2. Morsen
5.4. Bewegungsspiele

lernserver • www.lernserver.de • info@lernserver.de • ☎ (0251) 83-28409

1. Geräusche und Klänge identifizieren

1.1. Geräusche raten (Alltagsgegenstände)
Alle haben die Augen geschlossen oder Schlafbrillen auf (selbst gebastelt oder von Fluglinien).
Die Lehrkraft oder das Kind erzeugen Geräusche mit unterschiedlichen Gegenständen wie Schlüsseln, Musikinstrumenten usw., lassen einen Bleistift fallen oder rascheln mit Papier.
Aufgabe: Zeige auf, wenn du den Gegenstand erkannt hast, der das Geräusch macht. Ich komme und du kannst mir den Namen ins Ohr flüstern.

1.2. Geräusche raten (Umweltgeräusche)
Alle haben die Augen geschlossen oder Schlafbrillen auf.
Von einem Tonbandgerät werden unterschiedliche Alltagsgeräusche abgespielt (im Handel erhältlich oder selbst herstellbar). Möglich sind: Staubsauger, Handmixer, Feuerzeug, Autostart, Tankgeräusch, Regen, Wind, Wellen, Hammer, Säge, Feile u.v.m.)
Aufgabe: Zeige auf, wenn du den Gegenstand erkannt hast, der das Geräusch macht. Ich komme und du kannst mir deine Lösung ins Ohr flüstern.

1.3. Geräusche differenzieren (z.B. Wasser)
Alle haben die Augen geschlossen oder Schlafbrillen auf.
Von einem Tonbandgerät werden unterschiedliche Wassergeräusche abgespielt. Möglich sind: Regen, Bachlauf, tropfender Wasserhahn, Gießgeräusch, Wasserfall, Springbrunnen, Dusche, abfließendes Badewasser, Strohhalm in Brauserest, Sprung ins Wasser usw.
Aufgabe: Zeige auf, wenn du den Gegenstand erkannt hast, der das Geräusch macht. Ich komme und du kannst mir deine Antwort ins Ohr flüstern.

1.4. Stimmen identifizieren
„Eins, zwei drei, vier – wer steht hinter dir?"
Ein Kind kniet auf dem Boden mit dem Kopf in den Armen. Ein anderes Kind schleicht sich von hinten an das Kind heran, spricht den Vers und tippt ihm dabei im Takt auf den Rücken.
Aufgabe: Nenne den Namen des Kindes, das dir auf den Rücken tippt.

1.5. Spiel: „Hänschen piep einmal!"
(Kann als bekannt vorausgesetzt werden.)

1.6. Musikinstrumente erraten
Alle haben die Augen geschlossen oder Schlafbrillen auf.
Die in der Schule vorhandenen Musikinstrumente werden kurz angespielt. Nur solche verwenden, die den Kindern vom Namen und vom Klang her vertraut sind!
Aufgabe: Zeige auf, wenn du den Gegenstand erkannt hast, der das Geräusch macht. Ich komme und du kannst mir den Namen des Instruments ins Ohr flüstern.

1.7. Verblüffende Klänge
Alle, die Klänge zum Raten vorstellen wollen, haben einen Zettel mit ihrem Namen beim Spielleiter abgegeben.
Die Kinder haben die Augen geschlossen oder Schlafbrillen auf. Der Spielleiter geht zu einem der Kinder, die ihre Teilnahme als Klangproduzent signalisiert haben und legt ihm die Hand auf die Schulter als Zeichen für seinen Einsatz. Mögliche Beiträge sind z.B. schnarchen, gähnen, niesen, husten, trampeln, Fingerschnipsen, klatschen, Buch zuschlagen, Bleistift anspitzen usw. (Unvermeidbar ist in diesem Zusammenhang auch „pupsen")
Aufgabe: Wer genau weiß, was das für ein Geräusch oder ein Klang ist, ruft den Namen in den Raum.
Gelächter und mittlere Turbulenzen erwünscht. Auslachen nicht!

2. Wörter identifizieren

2.1. Stille Post
Kann als bekannt vorausgesetzt werden.

2.2. Versuch zum Hören/Wörter verstehen (leise)
Anlegen einer Mess-Strecke im Klassenraum. Maßeinheit = ein Schritt oder 1 Meter (Tesakrepp).
Versuchsanordnung:
Der „Flüsterer“ (beim ersten Mal empfiehlt sich dafür die Lehrkraft) steht am Start auf der ersten Markierung. Ist das geflüsterte Wort verstanden worden, darf er zur nächsten Markierung vorrücken usw.
Bemerkung:
Dies eignet sich gut als unauffälliger Hörtest. Auch regt es zu klarem Sprechen an, weil Nuschelei das Ergebnis verfälscht. Wird gern immer wieder zwischendurch allein organisiert gespielt.

2.3. Versuch zum Hören/Wörter verstehen (laut)
Anlegen der Mess-Strecke auf dem Schulhof oder unterwegs beim Ausflug. Es wird so laut wie möglich gerufen. Wichtig ist, dass das gerufene Wort verstanden wird. Sonst wie oben.
Bemerkung:
Die Kinder können sich austoben und sind anschließend sehr friedlich, weil viel gebrüllt und gerannt wird.

3. laut – leise

3.1. Stille hören
Alle setzen sich bequem hin und werden still. Kein Wort, keine Bewegung. Alle lauschen.
Aufgabe: Merke dir alle Geräusche, die du im Raum und in der Schule hörst, wenn du ganz leise in der Klasse sitzt.
Anschließend Austausch und Sammeln der Ergebnisse.

3.2. Meditative Übungen zur Erziehung zur Stille

3.3. Wo versteckt der Hund den Schlüssel?
Ein Schlüsselbund wird leise durch den Raum getragen und versteckt.
Aufgabe: Zeige mit der Hand in die Richtung, wo du den Hund hingehen hörst!

3.4. Sprechverse und Lieder mit Strophen in unterschiedlichen Lautstärken
Beispiel: Im Kral

Erzähler:

Im Urwald lebte einst der Negerhäuptling Usambo Notscho. Und der hatte Geburtstag. Und er lud alle Männer zu sich ein in sein Zelt. Und wie das so ist während einer tollen Feier, fingen sie nach einer Weile an zu singen. Sie sangen nicht sehr laut, aber eben auch nicht sehr leise:

Vorsänger: O elele
alle: O elele
Vorsänger: Balletikketomba
alle: Balletikketomba
Vorsänger: Mossa mossa mossa
alle: Mossa mossa mossa
Vorsänger: O ele balua balue
alle: O ele balua balue

Mitten im schönsten Singen kam plötzlich die Frau des Häuptlings rein und sagte: „Das ist ja unerhört! Erst dürfen wir Frauen nicht mitfeiern und dann macht ihr hier so einen Lärm, dass keiner mehr schlafen kann!"
Der Häuptling und die anderen Männer bekamen einen Riesenschreck und trauten sich nur noch, gaaaaanz leise zu singen:

Vorsänger: O elele
alle: O elele
Vorsänger: Balletikketomba
alle: Balletikketomba
Vorsänger: Mossa mossa mossa
alle: Mossa mossa mossa
Vorsänger: O ele balua balue
alle: O ele balua balue

Und dann kam aus dem Urwald der riesengroße Elefant und der trat dem Usambo Notscho auf den Fuß, und da schrie der:

Vorsänger: O elele
alle: O elele
Vorsänger: Balletikketomba
alle: Balletikketomba
Vorsänger: Mossa mossa mossa
alle: Mossa mossa mossa
Vorsänger: O ele balua balue
alle: O ele balua balue

Eine besondere Freude für die Kinder ist es, wenn die Lehrkraft nach der letzten Strophe wegen ‚zu leisen' Schreiens die Kinder diesen Teil mehrmals wiederholen lässt, bis die ‚volle' Lautstärke erreicht ist.

Die Fröschlein

Die Fröschelein, die Fröschelein,
die Fröschelein, die Fröschelein,
das ist ein lust'ger Chor.
Sie haben ja, sie haben ja
kein Schwänzchen und kein Ohr.
Quack, quack, quack.

Und kommt der Storch,
und kommt der Storch,
dann schlupfen sie ins Moor.
Und singen dann
und singen dann
viel leiser als zuvor:
Quack, quack, quack.

Und scheint der Mond,
und scheint der Mond,
dann kommen sie hervor.
Und singen dann
und singen dann
viel lauter als zuvor:
Quack, quack, quack.

Beispiel: Katzen-Vers

Katzen können Mäuse fangen,
Katzen können Mäuse fangen,
haben Krallen wie die Zangen
schlüpfen durch die Bodenlöcher,
auch zuweilen auf die Dächer.
Mäuschen mit dem langen Schwänzchen
machen auf dem Dach ein Tänzchen.
Leise, leise kommt die Katz' –
hat sie all' auf einen Satz.

3.5. Das müde Echo
Ein Kind steht als Rufer im Raum. Mit dem Gesicht zu ihm stehen vier weitere Kinder in einer Reihe hintereinander. Der Rufer gibt das Wort vor, das sich als Echo durch die Reihe der vier Kinder fortpflanzt – immer leiser werdend.

3.6. Das freche Echo
Gleiche Anordnung wie zuvor bei 3.5. Nur wird jetzt das gerufene Wort immer lauter werdend von den anderen Kindern wiederholt.

4. hoch – tief/hell – dunkel

Bemerkung:
Vorab sollte sichergestellt werden, was unter einem hohen oder tiefen Ton zu verstehen ist; diese Bezeichnung ist vielen Kindern nicht geläufig.

4.1. Klangbeispiele mit Musikinstrumenten
Hohe und tiefe Klangstäbe
Xylophone (nur mit hohen und tiefen Stäben)
Glockenspiele (analog)
Triangel

4.2. Klangbeispiele im Klassenzimmer und draußen
Mit dem Finger, dem Stift, einem Metallstab usw. wird auf unterschiedliche Gegenstände im Raum oder draußen geklopft. Die Gegenstände werden dann als Bild oder Schriftzug den beiden Bereichen „hoch“ und „tief“ zugeordnet.

4.3. Zungenbrecher/Sprechverse
Bekannte Sprechverse und Zungebrecher werden (auch zusammen mit Bewegung) von unterschiedlichen Wesen gesprochen, wie z.B. einem Riesen, der den Vers sehr tief spricht, oder einem Zwerg, der ihn piepst, also ganz hoch spricht.

Beispiel:

Ein Ochse namens Otto
gewann fünf Mark im Lotto.
Er kaufte sich ein Ofenrohr
und spielt nun im Posaunenchor.

Handbewegungen dazu:
in die Hände klatschen – EIN
mit beiden Händen auf die Oberschenkel klatschen – OCHSE
mit beiden Händen über Kreuz auf die Oberschenkel schlagen – NAMENS
mit beiden Händen wieder über Kreuz auf die Oberschenkel schlagen – OTTO
in die Hände klatschen – PAUSE
und im Rhythmus weiter.

4.4. Bewegungsspiele
Es werden Reaktionen vereinbart, die erfolgen, wenn ein hoher oder ein tiefer Klang gehört wird, z.B.:
Bei einem hohen Ton auf den Stuhl steigen, die Arme in die Höhe recken, auf dem Tisch stehen, auf den Zehenspitzen stehen usw.
Bei einem tiefen Ton unter den Stuhl kriechen, unter dem Tisch sitzen, sich zusammenkauern usw.

5. lang – kurz

Bemerkung:
Hier ist es wichtig, vorab eine Begriffsklärung vorzunehmen. Anhand von Alltagsituationen kann man den Unterschied von „lang" und „kurz" besprechen. Ansonsten ist diese Differenz relativ bzw. wird, je nach Situation, unterschiedlich empfunden. Beispiele:
ein langer Strich/Weg/Faden.... – ein kurzer Strich/Weg/Faden...;
lange Wartezeiten – kurze Wartezeiten.
Wie „lange" kann eine Minute der Stille, des Lärms, in der Pause sein, wenn ich mich langweile! Wie kurz wird dieselbe Minute empfunden, wenn ich eine spannende Sendung sehe, mich angeregt mit Freunden unterhalte...

5.1. Töne und Klänge
Mit vorhandenen Musikinstrumenten werden Klänge erzeugt. Alle hören zu und ordnen sie nach ihrer Klangdauer. Meist ist es der Triangel, dessen Ton am längsten nachschwingt.

5.2. Testreihen
Diese Übungen können mit allen oder in Einzel- und Partnerarbeit durchgeführt werden. (Das trifft mehr oder weniger, je nach Unterrichtsart, auf alle Übungen zu!)
Notationsmöglichkeiten vorbereiten und anbieten!

- Auf welchem Bein kannst du länger stehen?
- Wer kann am längsten einen Stuhl mit ausgestreckten Armen/ausgestrecktem Arm vor sich halten?
- Wer hängt am längsten an der Kletterstange, am Seil?
- Wer kann einen Ton am längsten singen/summen?

usw.

5.3. Zeichensprache

5.3.1. Einzelne Töne (Klänge/Geräusche)
Vereinbarung: Bei kurzem Ton Faust, bei langem Ton Handfläche nach vorn.
Ein Kind spielt einen Ton oder stellt ihn selbst her. Die anderen zeigen an, ob sie ihn lang oder kurz hören. Je schneller die Töne/Klänge/Geräusche aufeinanderfolgen, desto mehr Spaß macht es. Dennoch: Nicht hetzen!

5.3.2. Klangfolgen
Der eigene Name wird mit Handzeichen dargestellt. Wenn Sicherheit erreicht ist, andere Wörter einführen.

5.3.3. Morsen
Vereinbarung:
Kurz = Klanghölzer aneinanderschlagen/Händeklatschen/Finger auf Tisch klopfen....
Lang = Klanghölzer aneinanderreiben/Hände ausgestreckt schweben lassen/mit Finger über Tisch wischen
Den eigenen Namen und später andere Wörter „übersetzen"

5.4. Bewegungsspiele
Vorzugsweise am Anfang mit dem ganzen Körper, schließlich nur mit den Händen oder Füßen.

Die Sprechverse werden gesprochen und mit den vereinbarten Bewegungen für lang und kurz begleitet.

Beispiele für Sprechverse:

Auf dem Rasen rasen Hasen, atmen rasselnd durch die Nasen.

Esel essen Nesseln nicht, Nesseln essen Esel nicht.

Sieben Riesen niesen,
weil Nieselwinde bliesen.
Ließen die Winde dieses Nieseln,
ließen die Riesen auch das Niesen.

Otto soll Oma rote Rosen ohne Dornen holen. Von wo soll Otto Oma Rosen ohne Dornen holen? Soll Oma doch rote Rosen ohne Dornen ohne Otto holen!

Frau von Hagen,
darf ich's wagen,
Sie zu fragen,
wieviel Kragen
Sie getragen,
als Sie lagen
krank am Magen
im Spital zu Kopenhagen?

Schulstempel

Liebe Eltern,

die Diagnose des durchgeführten Rechtschreibtests hat ergeben, dass Ihre Tochter/ Ihr Sohn ______________________ besondere Fehlerschwerpunkte im Bereich

____

____

zeigt. Ihr Sohn/Ihre Tochter wird daraufhin in den oben genannten Bereichen besonders gefördert.

Mit freundlichen Grüßen

____

(Deutschlehrer/in)

lernserver • www.lernserver.de • info@lernserver.de • ☎ (0251) 83 - 28409

Schulstempel

Liebe Eltern,

sicherlich erinnern Sie sich an unseren Brief zur Rechtschreibleistung und Rechtschreibförderung Ihrer Kinder.
Inzwischen haben wir die angesprochenen Tests durchgeführt und von der Universität Münster eine detaillierte Diagnose bezüglich der Rechtschreibleistung und Rechtschreibschwächen jedes einzelnen Schülers erhalten. Die Auswertung ist so genau, dass wir nun gezielt in den Bereichen der Rechtschreibung fördern können, wo laut Diagnose die häufigsten Fehlerquellen sind.
Unser Konzept sieht vor, dass wir in Kleingruppen an der Rechtschreibung intensiv arbeiten werden. Dafür werden die Klassenverbände zum Teil aufgelöst; in den jeweils entstehenden Gruppen sitzen Schülerinnen und Schüler mit gleichen Fehlerschwerpunkten.
Für die Gruppen wird ein genauer Plan erstellt, jeder Schüler/jede Schülerin erhält im Laufe der Zeit seinen individuellen Förderordner. Die enthaltenen Übungen sollten auch zu Hause noch einmal durchgegangen werden.

Langfristig soll im 5. und 6. Schuljahr umfangreiches Material erstellt und erprobt werden. Die Schülerinnen und Schüler sollen hier genauso ihre Vorstellungen unterbreiten können wie die Lehrkräfte.
Wir hoffen sehr, dass wir nun einen Weg beschreiten, an dessen Ende ein sichtbarer Erfolg steht. Angewiesen sind wir dabei natürlich auf positive Bestärkung Ihrerseits, damit die Schülerinnen und Schüler den besten Nutzen aus diesem neuen Angebot ziehen können. Helfen Sie mit, Ihre Kinder zu „Rechtschreibkönigen“ zu machen.

Mit freundlichem Gruß

lernserver • www.lernserver.de • info@lernserver.de • ☎ (0251) 83-28409

Teilnahme am Förderunterricht

Mein Sohn/meine Tochter nimmt am Rechtschreibförderprogramm

____

____

____
Name der Schule und Zeitpunkt der Förderstunden

☐ teil ☐ nicht teil

Name des Schülers/der Schülerin ______________________

Bitte ankreuzen!

o Mein Kind wird die Mittagspause zu Hause verbringen.

o Ich bin damit einverstanden, dass mein Kind nach Abmeldung beim Lehrer das Schulgebäude in der Mittagspause in einer kleinen Gruppe verlassen darf, um sich evtl. Verpflegung zu kaufen.

o Ich bin bereit, während der Mittagspause hin und wieder für die Betreuung der Schüler/Schülerinnen zu sorgen.

Name: ____________________

Klasse: ____________________

Telefonnummer: ______________

____
Unterschrift

Urkunde

____

hat im Schuljahr ____________

mit besonderem Erfolg

an dem Rechtschreibprogramm

der ______________________

teilgenommen.

Sie/Er hat bewiesen, dass sie/er

Rechtschreibschwierigkeiten

selbstständig meistern kann.

______________ ______________

Rektor Förderlehrer/in

Umfrage zur Rechtschreibförderung

Du hast an der Rechtschreibförderung teilgenommen. Wir möchten gerne deine Meinung dazu wissen.

1. Was hat dir an der Rechtschreibförderung gefallen?

____

____

____

2. Was hast du gelernt?

____

____

____

3. Was würdest du ändern?

____

____

____

4. Wie würdest du einem Freund, der die Rechtschreibförderung nicht kennt, den Unterricht beschreiben?

____

____

____

5. Welche Stunde hat dir am besten gefallen?

____

____

____

6. Würdest du im nächsten Schuljahr an einer Fortsetzung der Rechtschreibförderung teilnehmen? Warum?

____

____

____